PASAPORTE

DIOS TE INVITA A SU AVENTURA

MISIONES PARA UN NUEVO MILENIO

Editorial Vida

ANDRÉS CORRALES Y ELIEZER RONDA

La misión de Editorial Vida es ser la compañía líder en satisfacer las necesidades de las personas con recursos cuyo contenido glorifique al Señor Jesucristo y promueva principios bíblicos.

DIOS TE INVITA A SU AVENTURA: MISIONES PARA UN NUEVO MILENIO
Edición en español publicada por
Editorial Vida -2012
Miami, Florida

Edición: *Patricia Marroquín*
Diseño de interior: *CREATOR studio.net*
Fotografías: Marcos Acosta (Andrés) / Eli Samuel Santa (Eliezer)

ISBN: 978-0-8297-5987-7

CATEGORÍA: Ministerio juvenil / Misiones
Impreso en los Estados Unidos de América
Printed in the United States of America

13 14 15 ❖ 6 5 4 3 2

TABLA DE CONTENIDO

Agradecimientos de Andrés Corrales

Agradezco a mi Señor Jesucristo por amarme sin condición y revelarme desde mis primeros años que tenía un lugar para mí en su misión.

Doy gracias a mis padres, Enrique y Virginia, quienes con su ejemplo, dedicación y apoyo incondicional encendieron en mí una llama por la obra de Cristo que nunca jamás se apagará.
A mi esposa Sonia porque sin ella ninguna página de nuestro llamado se habría escrito; su abnegación y fe hacia lo imposible todos los días me dan lecciones.

A nuestros hermanos que tanto amamos en las iglesias Comunidad Sol, Costa Rica; La Puerta Abierta, Panamá; Iglesia Menonita de la Costa, Uruguay; Honeyville Baptist Church, en USA, y a sus respectivos pastores. Lo que han hecho por nosotros en estos años en el campo es incomparable. ¡Infinitas Gracias!
A nuestras agencias y equipos de trabajo misionero en FEDEMEC y SIM por ser extraordinarios en lo que hacen, estando siempre atentos en acompañarnos a nosotros y a miles de obreros en todo el mundo.

A mi amigo Cristian Castro H. Por ser quien Dios utilizó para reclutarme en la obra misionera.

Al equipo de Especialidades Juveniles Uruguay, por ser nuestra familia y arriesgarse en invertirse completamente con el fin de ver una nueva generación de cristianos relevantes en su nación.
A todo el extraordinario equipo internacional de Especialidades Juveniles, quienes ya son muchos para nombrarlos uno por uno, pero que sus vidas y pasión hacen eco en todo Hispanoamérica.
A mis hermanos David, Sidney, Esteban, Silvia, Francis, Cristian, Ana, Maribel, José, Vicky y Laura, gracias por ser luces en mi horizonte.

A mis mentores, Francisco y Sonia Ramírez, Lucas y Valeria Leys, Mario y Alicia Loss, Rainer y Andrea Kunze, Hiram y Margie Harris, Eldon y Becky Porter, cada uno de ustedes con sus palabras y ejemplo son sencillamente irremplazables en mi vida.

Agradecimientos de Eliezer Ronda

Doy gracias a Dios por permitirme participar en el gran privilegio de la Gran Comisión. Lo que hacemos siempre es por su misericordia. La gloria siempre sea dada a su nombre.

Agradezco a mi esposa Raquel. Ya no somos dos. Dios nos ha bendecido con el fruto de nuestro amor en Racheli. Gracias por ser amiga, consejera, maestra, pastora y mentora.

Destaco a mi hermosa madre Irma, quien nos cuidó y formó en la fe. Su esfuerzo en levantarnos ante la muerte de nuestro padre, Luis Orlando, es encomiable. Gracias por enseñarnos tanto a mí y mis hermanos. Admiro que hayas abrazado el ministerio de las cárceles en tu adultez. Eso es misión.

A mi iglesia madre, Iglesia Cristiana Discípulos de Cristo, en San Patricio, por enseñarme, formarme y enviarme a la misión. A la congregación más maravillosa y hermosa en el mundo, la Iglesia Cristiana Discípulos de Cristo, en Bo. Borinquen de Caguas, por acogerme y darme el honor de ser llamado su pastor. Admiro la pasión que exhibimos por las misiones. Les amo.

Al equipo de Especialidades Juveniles de Puerto Rico, por trabajar apasionadamente en desarrollar un movimiento de líderes de jóvenes que marquen la manera de hacer ministerio juvenil en nuestra isla. ¡Sigamos adelante!

A cada integrante del equipo internacional de Especialidades Juveniles, que se arrojan por servir cada vez más a los miles de líderes de jóvenes en América Latina. Eso es responder a la *Missio Dei*.

A nuestros pastores y mentores, Hilda Robles, Víctor Graulau, Pedro Rivera, Félix Negrón, Raúl Torres, Esteban González y mi gran amigo y hermano Lucas Leys. Su aporte en mi vida y en la de Raquel nunca ha sido en vano. Gracias.

DEDICATORIA DE
ANDRÉS

Dedico este libro a mi maravillosa esposa, Sonia, y a mis bellas hijas, Abigail y Camila. Son ustedes poseedoras de mi mayor admiración. No tengo duda que sus vidas son mi mayor tesoro y mi más grande compañía en toda esta aventura.
A los fundadores y referentes de FEDEMEC, Randy Sperger, Allan Matamoros y Cristian Castro H. por su impresionante aporte en el movimiento misionero latino.

A la mujer más hermosa del mundo, mi esposa Raquel, y a nuestra bella niña Racheli. Deseo que este libro sea un testamento de la pasión por la misión que guardamos como familia. Soy afortunado de compartir mi vida con ustedes. A la Revda. Luz Esther Cádiz, por sembrar pasión por la misión en muchos jóvenes puertorriqueños por tantas generaciones.

DEDICATORIA DE
ELIEZER

Prólogo

Estábamos de visita con unos misioneros en un pueblo no alcanzado* en un continente muy lejano de casa en donde, lógicamente, no hablan español. Mientras caminábamos por una aldea, se acercaron a nosotros unos jóvenes que, al ver nuestra apariencia, nos preguntaron de donde éramos «De México» contesté. Y como si hubiera encontrado a un pariente lejano, me miró con una sonrisa, abrió más los ojos, me apuntó un dedo a la cara mientras movía la muñeca de arriba a abajo, y dijo muy fuerte y emocionado, con un español perfecto: ¡María la del barrio! Me abrazó y, con el deficiente inglés de los dos, comenzamos a hablar de futbolistas, equipos y otros programas de televisión. Él me preguntaba cómo era México y yo le preguntaba por su familia. En cuestión de minutos nos conocimos y hasta me invitó a su casa. En ese y en otros viajes que hemos hecho a países no alcanzados, me he dado cuenta de la gran realidad de que a los latinoamericanos nos aprecian en la gran mayoría de naciones del mundo.

Aunque yo nací y crecí en México viendo necesidad y pobreza, lo que vi en este país africano no se parece a lo que vivimos en Latinoamérica. Hay demasiado desempleo, analfabetismo, a la mujer no se le valora social o económicamente, entre muchas otras cosas. Pero más allá de la pobreza física, está lo peor: la pobreza espiritual, pues no saben del Salvador del mundo que murió y resucitó por la humanidad para darnos vida eterna: Jesucristo. Es impresionante y doloroso ver que en muchos de estos países saben de nuestros futbolistas, novelas y artistas latinoamericanos, pero no saben de Jesús. Ni siquiera es que lo rechazan sino que, simplemente, no saben porque nadie les ha dicho. ¡Nadie!

Nuestro viaje a África alteró profundamente nuestros planes familiares, ministeriales, financieros y nuestra agenda. Regresando de allá nos dimos cuenta de la manera egoísta en que vivimos en los países «evangelizados», donde, esclavos del consumismo y

* Un Pueblo no Alcanzado se define como «una etnia que no tiene una iglesia viva y evangelizadora en su medio y que no es capaz de evangelizar y producir un movimiento de plantación de iglesias dentro de su propio grupo, sin ayuda del exterior» o también, «un grupo etno-lingüístico que NO tiene una comunidad autóctona de creyentes que adoren a Dios en su propio idioma; que NO cuenta con un liderazgo propio ni se reproduce, ni se sostiene por sí misma y por lo tanto, necesita de esfuerzos misioneros transculturales». (Fuente: JUCUM)

esclavos de nuestros sueños (los cuales muchas veces ni vienen de Dios sino de compararnos con otros), solo nos hemos enfocado en nosotros mismos. Ese proceso en el que Dios nos ha llevado a mí y a mi familia ha sido lo más emocionante que jamás hemos vivido. Pero hay algo más valioso de lo que nos hemos estado dando cuenta: Que hay todo un ejército misional por levantarse en el pueblo latinoamericano, en los hispanos de Estados Unidos y en los del mundo entero.

En cada ciudad que visitamos, hay iglesias que están poniendo en acción el amor que han recibido de Dios. Discipulan, oran por naciones, dan de comer al hambriento, envían y van. Son iglesias que no están esperando que la gente llegue a ella sino que están siendo la iglesia en donde Dios los ha puesto y más allá.

También hay personas respondiendo al llamado de ir, otros tomando la responsabilidad de enviar (aunque los resultados no sean tan «románticos» sino a largo plazo). Es definitivamente el tiempo de los latinoamericanos para las misiones mundiales.

Yo estoy muy agradecido por nuestros hermanos de Estados Unidos, pues fue una nación que bendijo y sigue bendiciendo a nuestros pueblos, ya que muchos de nosotros somos producto, directo o indirecto, de algún misionero que, dejando su comodidad y dando los mejores años de sus vidas o sus vidas mismas en nuestros países, dijeron: «No está bien que nosotros sepamos de Jesús y ellos no» y trajeron el evangelio de Jesús a nuestras naciones obedeciendo el llamado de Jesucristo. Pero aunque Dios sigue usando a nuestros hermanos anglosajones, hay una realidad latente: Uno de los pueblos que Dios usará para alcanzar a las naciones que no le conocen es el pueblo latinoamericano. ¡Es el ejército que está por despertar!

Por eso me alegra el momento puntual de este libro escrito por mis amigos Eliezer Ronda y Andrés Corrales. En *Dios te invita a su aventura,* Eliezer y Andrés no solo nos presentan la necesidad y los desafíos que hay en estos tiempos, sino que nos marcan una pauta para comenzar a accionar en el llamado más poderoso que hay: Llevar las buenas nuevas de salvación.

El corazón de Dios late por los que no le conocen, y con todo mi amor, quiero hacerte esta pregunta que yo he tenido también que contestar:¿Qué hace latir el tuyo?

Te invito a ser de los verdaderos adoradores que llevarán el amor de Jesús haciendo discípulos desde su Jerusalén hasta lo último de la tierra. ¡Es nuestro tiempo!

¡Hasta que todos le adoren!

Emmanuel Espinosa

Acerca de los autores

Así que compraste tu boleto y ahora te dispones a embarcar a través de las páginas de este libro a una tremenda aventura. ¡Bien hecho! Pero no podríamos dejar de advertirte acerca de los efectos secundarios que puede tener este viaje en tu futuro. En primer lugar puede alterar radicalmente tu estilo de vida, incluso puede ser que nunca regreses al mismo lugar en donde comenzaste porque, quizás sin darte cuenta, adquiriste un boleto sin retorno. De seguro, tendrás que comprarte nuevos lentes, porque no podrás ver de la misma manera. Es una aventura que nos llevará a ver la vida de otra manera. Déjanos contarte un poco del par de entusiastas hombres que escriben este magnífico libro:

Eliezer Ronda es un dinámico pastor, ya sabes, de esos que cuesta frenarlos. Ha estudiado un montón y a servido millones de años con jóvenes desarrollando un sentido intrépido de la misión. Por eso es que está casado con Raquel, una mujer que sin dudas no merece, y tiene una hija llamada Racheli que es demasiado linda como parecerse a su papi (aunque las malas lenguas dicen que es idéntica. Bueno... una versión muy mejorada de él). Salir de su tierra literalmente significa que tiene que irse en barco o en avión porque es de Puerto Rico y está rodeado de agua por todas partes. Lo puedes seguir en twitter en @rondaeliezer

Andrés Corrales es un misionero poco cuerdo que se ha enfrascado en muchas aventuras desde muy joven, son tantas, que ya había perdido casi todo su pelo antes de cumplir 30 años. Además, ha servido por algunas centurias en las galaxias de los jóvenes y de las misiones. Entre tantos aterrizajes y despegues, hace unos años Sonia, su esposa, y sus dos hijas, le han aterrizado del todo su corazón. Es natural de Costa Rica, pero sirve a tiempo completo como misionero en Uruguay. Lo puedes seguir en twitter en @andrescorralesb

Ambos son muy diferentes. Eliezer ama el béisbol y a los Yankees de Nueva York. En cambio, Andrés no le encuentra sentido a lo que él llama un deporte muy «aburrido» Andrés es más seguidor del fútbol en su amor por el grandioso Saprissa, aunque Eliezer no lo encuentra entretenido . Eliezer usa Mac y Andrés PC. Eliezer vive en el hemisferio norte y Andrés en el sur. Es decir, el verano de uno es el invierno del otro y la primavera es el otoño del otro. Eliezer toma café y Andrés ya prefiere el mate. Literalmente, provienen de culturas muy distantes. En fin, no piensan igual en todo, pero aman la misión de Dios y tienen una pasión por ver una generación arrojada por el evangelio en las naciones.

En este libro encontrarás aportes importantes y rotundos de ambos en su amor por las misiones. Se han combinado para presentar las ideas y recomendaciones que tienen para ir al campo de misión. Eliezer escribe desde los fundamentos de la misión y Andrés desde la experiencia en el campo misionero.

Toma este libro para estudiarlo, analizarlo, criticarlo, comentarlo y para reflexionarlo. Lo importante es que nos alistemos y salgamos con mucho entusiasmo a emprender la aventura de dar a conocer las noticias del gran amor de Dios al mundo. La invitación está hecha, solo resta que te montes y arranquemos.

Introducción
Abre mis ojos

Mientras todos caminaban en cualquier dirección, según les sintonizara la necesidad, buscando algún producto en las añejas y desbaratadas mesas de aquel mercado callejero, yo trataba de no chocar con aquella multitud que parecía confabularse para hacer de mi travesía por aquellas viejas y arenosas calles más compleja de la cuenta.

Entendía que no debía perder la espalda del pequeño y barbudo guía que se escurría con completa naturalidad y asombrosa velocidad entre gente de ropas tan distintas al atuendo de un joven occidental. A ciencia cierta, el hombre todavía no salía de su grado de sorpresa por encontrar personas tan diferentes en un mundo tan desconcertante y desconocido lleno de sonidos, colores y aromas que se volvían un mar envolvente de sensaciones para sus sentidos.

El calor sofocante parecía bajar su ardor al descender la noche, aunque esto no era tan buena noticia cuando sigues a un escurridizo guía que parece tener como tarea perderte en un mercado donde todos hablan árabe y en el que no sería la decisión más sabia acercarte a una mujer envuelta desde su cabeza hasta sus tobillos para preguntar por alguna dirección si te pierdes.
Y es que ya en un punto donde mis pies no podían alcanzar aunque fuera las migajas de la sombra de aquel experimentado misionero, dejé de guiarme por los rastros de su espalda que se traspapelaba entre túnicas y velos para comenzar a guiarme por sus palabras que sorprendentemente aparecieron en el convulso horizonte con sus gritos.

«Ellos son», «Ellos son» gritaba como quien tiene autoridad en lo que dice porque no se lo habían contado en un cuento y lo anunciaba como quien bregaba con esa realidad todos los días.
«Ellos son, ellos son los que nunca han oído de Jesús», continuó.
Sus palabras fueron como un martillo que daba contra la corteza de mi corazón. Siguió gritando sin importarle que comenzara a caer una gentil lluvia que luego se convertiría en una de aquellas que hace correr hasta al más valiente por resguardo, pero ahora

sus palabras se volvían indicativas para mí y los otros jóvenes latinos que estábamos tras sus pasos. «Mírenlos y tóquenlos, ellos son los que nunca han oído de lo que tú tienes»
Mis ojos se abrieron para capturar en ellos las imágenes de niños corriendo agarrados de las faldas de sus madres, mujeres a quienes solamente les podías ver sus ojos, adultos cuyas frentes están marcadas por el suelo contra el que se golpean invocando a su dios, ancianos que apenas podían mover sus piernas hasta un punto donde pudieran resguardarse de la agitada lluvia; todos y cada uno de ellos corrían de algo y, al mismo tiempo, necesitaban de un algo que les diera esperanza.

Cuando alcancé a darme cuenta, en mis mejillas se entremezclaba la copiosa agua con lágrimas que no venían solo de mis ojos, sino también desde mi alma, por haber sentido por instantes lo que el corazón de Jesús experimenta por las multitudes que corren como ovejas sin pastor, necesitados con urgencia de lo que tú y yo tenemos por su gracia en Él.
No tengo la más mínima duda de que Dios abrió mis ojos en aquella nación del Norte de África en ese instante, siendo muy joven, para ver cómo desesperadamente se sumergen día a día naciones enteras en la más densa y compleja oscuridad por la ausencia de ese evangelio que cambia todo.

Es la oración de Eliezer y la mía que te sumerjas en las páginas de este libro y descubras junto a nosotros la aventura de un Dios que dejó todo por amor a esas multitudes que se encuentran en las calles de nuestra América Latina, en los mercados y plazas de la India, en las escuelas coránicas de Asia Central, en los cafés de Europa, en las universidades de la gigantesca China y en cada rincón de la tierra que Jesús amó y por la que se entregó en la cruz.

Así que anímate a salir de cualquier asomo de apatía o comodidad, toma tu Biblia, un mapa y descubre cómo encajas dentro de la maravillosa aventura de Dios para esta generación.

¿Te animas?

EN SUS MARCAS, LISTOS... ¡FUERA!

CAPÍTULO 1

«Lo que podemos decir por cierto es que, al menos, Dios ha llamado a cada cristiano a vivir con un corazón misionero».

David Sills

Era agosto de 2004 en pleno verano europeo. La temperatura era muy cálida pero cómoda. La atmósfera cultural estaba llena de miles de personas ansiosas por presenciar un evento trascendental y especial. Me encontraba en Atenas, Grecia, como parte de una delegación de capellanes deportivos de Atletas en Acción de la Cruzada Estudiantil y Profesional para Cristo para participar de un evento deportivo sin precedentes. Los juegos Olímpicos retornaban a su país de origen para celebrar la edición XXXVIII del ciclo deportivo. Habían 10,625 atletas provenientes de 201 países del mundo. Además, se sumaban 5,501 oficiales deportivos de cada nación para participar de un momento inigualable. Lo que sentía yo en ese lugar no puede expresarse en palabras. El ambiente era de fiesta. Desde la llegada al aeropuerto griego, el recibimiento era de celebración a cada visitante. Los carteles anunciaban la alegría de una ciudad ansiosa de recibir al mundo en su casa por unas semanas. Por un momento tuve la oportunidad de ver miles de personas que provenían, literalmente, de todos los países del mundo.

Debo confesar que eran tantos y tantos que ni sabía de muchas de sus tierras natales. Sin lugar a dudas estaba ante un escenario único. Algunos asiáticos, otros morenos, unos rubios, orientales, europeos y gente de todos los tamaños que pudieras imaginar viniendo de cada rincón particular del globo terráqueo. Caminar por la ciudad era todo un acontecimiento ante la diversidad de lenguas habladas en cada rincón de los centros urbanos de la capital griega. El mundo se había juntado para celebrar con los atletas de mejor rendimiento deportivo del momento, unos juegos que marcarían la ciudad sede inicial de tan grande y magno evento. Simplemente era un tiempo de aventura para mí. Había adquirido autorización por el Comité Olímpico de Puerto Rico para compartir con nuestra delegación tiempos de oración y motivación durante su estadía en el programa deportivo. Era un gran privilegio participar de esta gran oportunidad.

Fuera de la Villa Olímpica la oferta de actividades de fiesta era innumerable. Pudiera decir que en cada plaza urbana había un concierto para los visitantes y los atletas. Miles de jóvenes disfrutaban de todo el ofrecimiento artístico. Por un lado, nos daban propaganda de eventos y por otro nos daban anuncios de bebidas embriagantes junto a condones para la prevención de enfermedades. La música era diversa y continua. Por dos semanas, la propuesta de actividades de placer inmediato era mucha. Pero también había jóvenes que se propusieron llevar mensajes de esperanza con el evangelio a cada persona con la cual se toparan en el camino. Sin embargo, el número de ellos contrastaba con la propagación de celebraciones huecas. En aquel momento, mi corazón latía con fuerza con la esperanza de que surgiera un movimiento de la nueva generación que respondiera al llamado de la misión.

Recuerdo que, mientras descansaba una de las noches en la habitación, imaginé cómo sería que cada uno de los atletas, sus delegaciones y cuantos visitantes llegaban, conocieran del amor de Dios a través de Cristo. Vino a mi mente la experiencia de Juan, el autor de Apocalipsis, cuando escribió:

«*Después de esto miré, y apareció una multitud tomada de todas las naciones, tribus, pueblos y lenguas; era tan grande que nadie podía contarla. Estaban de pie delante del trono y del Cordero, vestidos de túnicas blancas y con ramas de palma en la mano. Gritaban a gran voz: "¡La salvación viene de nuestro Dios, que está sentado en el trono, y del Cordero!"*». (Apocalipsis 7:9-10)

Mientras más pensaba en ese verso más me percataba de que esta no podía ser una experiencia que solamente recayera en el sueño ver a toda esa gran cantidad de personas adorando juntos al Creador. El fin no es la canción y el coro de voces. El plan es comprender que Dios nos ha invitado a participar de la aventura más emocionante de la vida. Hemos sido convocados a compartir que el amor de Dios puede transformar la vida de todos por medio de Jesucristo. Necesitaba entender –pues en ese tiempo no miraba a las personas del mundo con un corazón orientado a que se encontraran con Dios, más bien realizaba gestiones orientadas por la responsabilidad que estaba ejerciendo– que ese coro de voces sería posible en la medida que respondiéramos al llamado y comprendiéramos lo que es la misión del evangelio. A fin de cuentas, Jesús dijo: «*Pero cuando venga el Espíritu Santo sobre ustedes, recibirán poder y serán mis testigos tanto en Jerusalén como en toda Judea y Samaria, y hasta los confines de la tierra*» (Hechos 1:8).

Lo más impresionante de esto es que la acción de testificar no está reducida a los adultos y ancianos de la iglesia. La encomienda nos incluye a todos. Dios ha llamado a la juventud no excluyendo a ningún joven ni adolescente para que participe del gran privilegio de dar esperanza de vida al mundo en la misión de compartir a Cristo. Ahora bien, es importante que comprendamos en qué consiste la misión y en qué no. Pero no es suficiente saber la respuesta a esto, también se necesita saber cuál es la tarea y la responsabilidad que conlleva.

Por eso, Andrés y yo hemos querido invitarte a unirte a la maravillosa aventura de predicar a Cristo. Cuando pienso en definir «aventura» vienen a mi mente todas esas tareas arriesgadas, encuentros con personas extrañas y también todas esas cosas o situaciones impactantes junto con la realización de metas importantes en la vida. Asimismo, involucra proyectos riesgosos que necesitan enfoque y organización.

Lanzarse a ejecutar una aventura sin prepararse física y emocionalmente, puede garantizar el fracaso de esa iniciativa.

Toda iniciativa que se comienza en la vida conlleva un tiempo de preparación y de atención a los más diminutos detalles para hacer que tal experiencia sea memorable. Lanzarse a ejecutar una aventura sin prepararse física y emocionalmente, puede garantizar el fracaso de esa iniciativa. En el caso de la misión del evangelio, debemos añadir que la preparación también incluye cualidades espirituales e intelectuales. Sí, leíste bien. La preparación también involucra nuestro intelecto y no solo la fe. Lamentablemente, me encuentro con muchos jóvenes que quieren salir a predicar y no toman el tiempo de pensar para prepararse en la ocupación del ministerio de la evangelización.

Comencemos diciendo que hay una diferencia entre la misión y las misiones. Es esencial que podamos hacer una distinción entre ambas porque, de lo contrario, nos moveríamos a tierras movedizas con respecto al llamado que Dios nos hace y quedaríamos estancados en el entusiasmo por compartir amor sin raíces sólidas. Si ciertamente una cosa va de la mano de la otra, tampoco es menos cierto que ambas cosas no son lo mismo.

En primer lugar, cuando hablamos de misión debemos partir del principio teológico de la *Missio Dei* (la misión de Dios). Nos referimos inicialmente a que el autor de la misión es Dios y no nosotros, nuestra iglesia, ministerio o proyecto personal. La *Missio Dei* manifiesta que las buenas noticias son de Dios para la gente. Se refiere a la autorevelación de Dios como el que ama al mundo y su compromiso con él y con la gente que es parte de la tierra. La misión es el «sí» de Dios al mundo.

David J. Bosch dice que «*el amor y la atención de Dios se dirige al mundo en gran parte, a través de la participación de la iglesia en las realidades de injusticia, opresión, pobreza, discriminación y violencia* [1]». En un mundo en el que vemos cómo los ricos cada vez se hacen más ricos y los pobres más pobres, en donde la violencia y la opresión –tanto de derecha como de izquierda– aumentan, no podemos desoír el reclamo de Dios ante eso.

En segundo lugar, cuando nos referimos al término «misiones», el principio teológico es el de *missiones ecclesiae*.

1 - David J. Bosch, *Misión en transformación: Cambios de paradigma en la teología de la misión*, Grand Rapids, MI, 2000, pp. 25-26.

Con este vocablo puntualizamos los modos particulares de participar en la *Missio Dei*, el cómo. Por ejemplo, los proyectos, los lugares y las necesidades en específico que abordemos en respuesta a la misión. Recalcamos este criterio como uno importante porque no podemos pensar que el método sea más importante que el principio fundamental. Si la misión es de Dios, no podemos aferrarnos ciegamente a los programas sin antes conocer el corazón del autor de la misión.

En ese caso la misión también es el «no» de Dios en el sentido de reducirse a identificarse con movimientos políticos y sociales hasta el punto de igualarse completamente a ellos. Si ciertamente la misión requiere que hagamos obra caritativa, tenemos la responsabilidad de representar a Cristo en lo que hacemos y no servirnos a nosotros mismos haciendo resaltar nuestro nombre u organización. No podemos olvidar a los pobres y oprimidos ni ignorar nuestra responsabilidad de proclamar la noticia de Cristo en un mundo que necesita conocerlo. Estamos llamados a predicar el evangelio. No entender esto, nos puede llevar a tornarnos en opresores en vez de libertadores.

Creo que estamos en un momento importante y fundamental para responder con valor y madurez a este reclamo del evangelio. «*Dios tiene una misión. Él envía a su Hijo a cumplirla, y Jesús a su vez envía a la iglesia en la misma misión. ¡Hoy nosotros somos llamados a unirnos a la misión de Dios! No se trata solo de nuestra misión, es la misma misión de Dios*[2]». Sé que esta generación es vital para participar más que de un proyecto. Dios nos invita a responder con valor a esta oportunidad de encarnar el evangelio con nuestra vida.

En los próximos capítulos de este libro te llevaremos por diferentes conceptos y experiencias que te pueden orientar al contenido fundamental de lo que es la misión. Lo más importante es que estemos deseosos de responder a esta gran aventura. ¿Estás listo? Es tiempo de alistarnos para salir con fuerza a la misión de Dios.

2 - Howard Andruejol, *Estratégicos y audaces: Una guía para entrenar a líderes juveniles*, Especialidades Juveniles y Editorial Vida, FL, 2010, p. 124.

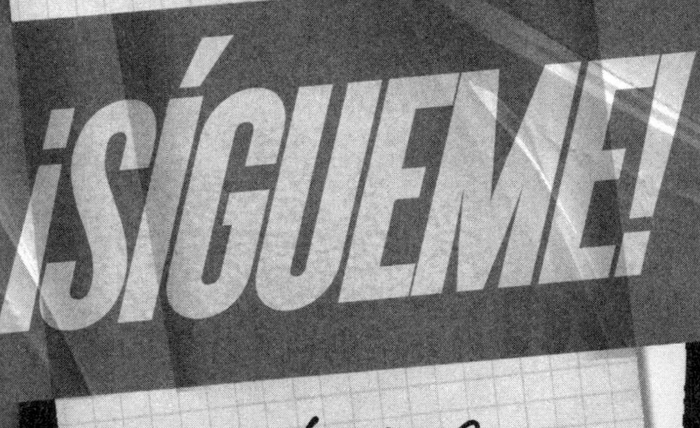

¡SÍGUEME!

CAPÍTULO 2

«Yo era como una piedra en una profunda mina; y aquel que es poderoso vino, y en su misericordia, me levantó y me puso sobre una pared».

San Patricio

No tenía porqué volver al lugar donde había experimentado los años más tristes y oscuros de su vida. Los recuerdos que se agolpaban en su mente eran como caballos salvajes sin control, ¿porqué debía regresar al lugar donde había sido esclavo?

Nuestro personaje a la edad de 16 años vivía en un pueblito de Escocia con su familia, una de las familias más prominentes del lugar, y todo transcurría con total normalidad. Podríamos afirmar que en el horizonte de la vida de este adolescente solo se divisaba tranquilidad y comodidad, pero los planes de Dios son muchas veces misteriosos y hasta violentos.

Su secuestro fue tan sorpresivo como cuando un feroz león da un zarpazo contundente, rápido y letal. De un momento a otro, casi sin darse cuenta, estaba siendo llevado por piratas hacia un destino que le depararía dolor, desprecios y sufrimientos.

La tierra de su esclavitud fue en lo que hoy conocemos como Irlanda, lugar que estaba sumergido en el desconocimiento más brutal de Jesucristo. Sirvió como pastorcillo de ovejas sin ninguna paga en medio de los druidas y sus ritos, experimentando hambre y malos tratos. Para este desafortunado joven el único mensaje recibido de parte de sus captores fue que era un simple esclavo cuya vida no valía absolutamente nada.

En semejante oscuridad de desilusión es donde este joven comenzó a conocer a Dios, su refugio fue la oración, así como el recordar todo lo que hasta el día que fue arrancado de su casa sabía acerca de su Palabra.

Un día llegaría el momento tan anhelado para él, máxime después de varios intentos frustrados de fuga, y escuchó que Dios esta vez le hablaba de cómo sería su escape de la isla, entonces obedeció y lo logró. Su escape lo llevó en dirección a Francia envuelto en una travesía cargada de peripecias, como también de milagros que le confirmaban el respaldo divino sobre su vida.

De quien te he venido hablando es del que llegaría ser llamado por la tradición San Patricio. Este fue un gran hombre de Dios que luego de capacitarse teológicamente en Francia, regresó a la tierra donde había sido esclavo para proclamar entre los que nunca habían escuchado de Jesús su mensaje en palabra y obras.

Después de treinta años del más aventurero ministerio en aquella isla, al momento de su partida con su Señor, este héroe de la fe había alcanzado prácticamente a todos los habitantes de Irlanda con el evangelio de Jesucristo.

¿Qué lo hizo regresar?

No cabe duda de que lo que lo hizo volver a la tierra de su cautiverio para llevar el mensaje que tenía para ellos fue el llamado de Dios. Si miras con detenimiento en la Biblia sus páginas te conducirán por las vidas de muchos hombres y mujeres que respondieron al llamado de Dios sobre sus vidas.

El llamado involucra muchos aspectos, algunos de los cuales voy a mencionarte más adelante, pero antes quiero partir desde lo fundamental y eso es que un llamado inicia en el conocimiento de la voluntad de Dios. Esa voluntad que reclama a nuestros corazones que nos movilicemos a cumplirla aun a sabiendas de los costos e implicaciones que pueda tener.

Así que podríamos afirmar que un llamado es conocer la voluntad de Dios y que la respuesta a ese llamado lo destinará cuanto de ese conocimiento bajó a nuestro corazón y activó nuestros pies.

El llamado es oír su voz

Recuerdo que hace algunos años cuando era muy joven y deseaba ardientemente salir como misionero del país, oraba con los ojos cerrados al mismo tiempo que giraba un globo terráqueo y lo detenía con mi dedo índice para saber si Dios me estaba llamando al país donde ponía mi dedo. Esto también me hace recordar la ocasión cuando lo detuve en medio del océano atlántico y que casi supuse que sería el primer misionero enviado a los peces perdidos de alta mar. Lo cierto es que muchos de nosotros deseamos saber cómo conocer hacia dónde ir y cuál es su voluntad, de seguro Dios utiliza muchos canales para hablarnos, tales como experiencias espirituales donde él nos puede hablar a través de otros, o bien a través de sueños o señales, es más, aun hasta podríamos escuchar su voz en las noticias del día. Acá hago mención a un grupo de doctores que mirando las noticias de la guerra de Irak, sintieron que Dios los llamaba allí y yendo durante muchos años plantaron muchas iglesias clandestinas en esa zona.

Lo cierto es que, aunque Dios es soberano en cómo nos llama, nunca podemos perder de perspectiva que su canal favorito de inigualable autoridad para hablarnos lo es y será la Biblia. Desde Génesis hasta Apocalipsis podemos ver y oír estampada su maravillosa voz en los llamados divinos a sus hijos expresándoles su plan maestro de alcanzar a todas las naciones para su gloria. En Génesis leemos esto:

«*El SEÑOR le dijo a Abram: "Deja tu tierra, tus parientes y la casa de tu padre, y vete a la tierra que te mostraré. Haré de ti una nación grande, y te bendeciré; haré famoso tu nombre, y serás una bendición. Bendeciré a los que te bendigan y maldeciré a los que te maldigan; ¡por medio de ti serán bendecidas todas las familias de la tierra!"*». (Génesis 12:1-3)

En estos pasajes encontramos a un Abraham recibiendo el llamado de ser bendición a todas las familias de la tierra, pero antes él debía abandonar el país de sus padres, todo lo conocido para él, e ir en pos del propósito que Dios le encomendó. Más adelante nos cruzamos, desde el capítulo 37 del libro de Génesis, con la tremenda vida de José. Podemos ver cómo, drásticamente después de increíbles sucesos, termina en medio de Egipto siendo el segundo después del Faraón. Contando con la sabiduría suficiente para salvar a los egipcios y su propio pueblo de la destrucción repentina, tal vez nunca recibió un llamado específico, como hoy lo conocemos, pero comprendió cuál era la voluntad de Dios para ese momento y actuó según ello. En la misma línea, si continuamos en nuestro viaje por el Antiguo Testamento, encontraremos a más jóvenes siendo luz en las naciones. En el caso del libro de Daniel se recopila como él mismo y sus amigos entendieron cuál era el llamado de su Dios y, obedeciéndolo, le dieron gloria en el rei-

no babilónico. El Nuevo testamento no está ajeno a ejemplos en los que la voluntad de Dios se expresó a través de llamados que Él hizo a sus hijos para mostrar su gloria entre los pueblos. La apasionante vida de los discípulos es una gran muestra de ello. Uno a uno fueron convocados para luego ser enviados como los apóstoles de la iglesia que estaba por nacer. Tenemos clara evidencia de que muchos de ellos llegaron más lejos de lo que habitualmente creemos.
En Pablo tenemos otra gran muestra de alguien que escuchó la voz de Dios y comprendió que en ella estaba su voluntad incrustada. Esta voz fue el viento que sopló en la vela de su vida para incasablemente proclamar el evangelio entre los gentiles y en aquellos lugares donde todavía no había sido anunciado. De su ministerio incansable podemos dar cuenta de que no titubeó al entender cuál era la voluntad de Dios para el mundo de su época.

El llamado involucra la necesidad de otros

La Biblia también nos acerca la vida del profeta Jonás, aquel que escuchó el llamado para traer la advertencia divina a la pecadora ciudad de Nínive y, escuchándolo en principio, huyó, ya que como él mismo diría al tiempo, sabía que Dios los perdonaría si se arrepentían: «...tú eres un Dios bondadoso y compasivo...» (Jonás 4:2). El porqué de esta reacción tiene relación con que Jonás sabía que el amor de Dios trasciende la maldad de los hombres y que busca siempre que ellos se reconcilien con su creador. Él entendía que su llamado iba en función de traer la reconciliación de los asirios a Dios, algo que Jonás no quería, ya que más bien guardaba la esperanza de que estos pagaran con creces por toda su maldad. La mayor necesidad de la humanidad es experimentar el amor de Dios a través del perdón que él extiende con su mano misericordiosa. Nuestra responsabilidad siempre será, con obras de justicia, mostrarles el camino para vivir vidas enriquecidas en su gracia.

Un verdadero llamado no es detenido por prejuicios, sino que siempre está direccionado a dar la gloria a Dios a través del servicio desinteresado ayudando a resolver la necesidad de otros, sea cual sea el contexto.

El llamado involucra tu historia personal

«¿Qué tienes en la mano? —preguntó el Señor. —Una vara —respondió Moisés.» (Éxodo 4:2)

El contexto de esta pregunta es cuando Moisés, siendo llamado por Dios, descarga sus miedos y dudas concentrándose siempre en sus debilidades. Le era casi imposible pensar si tenía algo en sus manos que podía ser utilizado por Dios para enfrentar los desafíos que concernían a él y a sus pares. Dios le sorprende al preguntarle: «¿Qué tienes en la mano?». A lo que él responde: «Una vara».

Pareciera que ese instrumento pastoril con el que trabajaba arduamente y con el cual pastoreaba las ovejas de su suegro en el desierto era simplemente una vara, pero, si ponemos atención en el entorno donde ocurren los hechos y en la historia del hombre en cuestión, nos daremos cuenta que ella representaba mucho más que el sentido literal que le damos. Esta vara mostraba los cuarenta años que Moisés había pasado en el desierto en su huida del glorioso Egipto. Representaba cuatro décadas trabajando como pastor de ovejas, aquella dura escuela en la cual Dios lo había introducido. Su carácter había sido forjado a la luz de aquel olvidado desierto en donde aprendió mansedumbre, templanza, dominio propio y otras virtudes ministeriales, no muy renombradas hoy ciertamente. Fue detrás de las ovejas, y con la arena hasta el cuello, donde su carácter se ciñó a la altura de lo que Dios buscaba para apacentar y conducir a todo un pueblo de la esclavitud a la libertad. Nunca dudes sí Dios va usar lo que has vivido, ya sea bueno o doloroso, para mostrar a otros su gloria. Él siempre usará tu historia personal, ya que ella es una escuela que podría ser la vía para conectarte con aquellos que servirás algún día.

Él siempre usará tu historia personal, ya que ella es una escuela que podría ser la vía para conectarte con aquellos que servirás algún día.

El llamado involucra tus habilidades

Dios ha puesto de sus regalos en cada uno de nosotros, talentos para desarrollar ciertas actividades, y todos tienen por lo menos un talento especial para encarar la vida. En ocasiones podrías sentir que tus aptitudes son demasiado comunes o demasiado peculiares, pero sin importar cómo estas te parezcan, Dios desea usarlas para engrandecer su Reino.

Otro aspecto no menor en torno a esto es que muchas habilidades solo las descubrirás cuando involucras tu vida en la misión de Dios. Recuerdo haber hecho cosas que nunca pensé

Cuando estaba en la universidad hicimos un viaje corto para trabajar con los indígenas Warao en Venezuela. Literalmente hay cientos de caños[3] escondidos a lo largo del Río Orinoco. Mientras algunos chicos se anotaban en la lista para participar del viaje, recuerdo a una chica que quería participar. Siendo el líder del ministerio, pensaba que ella no estaba apta porque su experiencia en el evangelio era muy reciente. Cuando me pidieron la carta de recomendación expuse mi preocupación sobre su poca experiencia y la recomendé con reservas, pues estaba muy deseosa de participar. Al salir hacia las tierras venezolanas, recuerdo estar velando que ella fuera hábil en lo que debía hacer. En mi caso, estaba designado a dar clases de alfabetización y de discipulado. Mi sorpresa fue que esta joven se involucró tanto con los indígenas que les dio clase de estilismo, de arte y hasta de teatro. Al final de la experiencia, el misionero radicado me informó que la persona que más había contribuido con ellos había sido ella. En mi caso, me recomendó no ser tan «profundo» pues ellos apenas estaban conociendo el evangelio. Hoy, Yassel es toda una trabajadora social que sirve a muchas comunidades de escasos recursos. Su vocación fue determinada en el campo de misión en Venezuela. Cuando respondemos al llamado y consideramos nuestras habilidades como recursos al servicio de Dios, somos útiles y avanzamos el reino de Dios. Para Yassel la misión es de Dios y por lo tanto sigue bendiciendo su reino porque salió al campo para servir y bendecir. Cuando salimos, Dios nos convoca y nos define para servir en Su misión.

ELIEZER

3 - Caño es una palabra utilizada en la región para identificar pedazos de terreno que están distribuidos por todo el río.

que sería capaz de hacer hasta cuando, en el campo misionero, alguien me pidió que lo hiciera o vi que era necesario hacerlo. Recuerda que Dios ha puesto estos talentos con un sentido en tu vida y su invitación no es a esconderlos debajo de una roca, sino a invertirlos en el mejor lugar, en medio de quienes más lo necesitan, pues siempre será el mejor lugar para ello.

Un llamado compartido

Siempre que el Señor nos encomienda la realización de un servicio para Él este debe de ser visualizado de manera cooperativa, ya que es un error común imaginarnos solos llevando adelante el llamado que Dios nos pone delante. No existe un verdadero llamado que no incluya el someterse y servir junto a otras personas en todo el proceso desde su inicio hasta la conclusión.

Si ves en conjunto todo el ministerio del apóstol Pablo, notarás un factor recurrente: siempre trabajó en equipo. Ya sea desde sus inicios, cuando fue enviado por la iglesia en Antioquía, apoyado en todos los sentidos por algunas de las iglesias nacientes, hasta rindiendo cuentas a quienes les enviaron, colaborando y afirmando a otros consiervos en la plantación de nuevas comunidades de fe hasta el día de su muerte.

Todo lo anterior es para decirte que en el misionero más exitoso de todos los tiempos encontrarás la premisa de que el llamado que Dios efectúa en nuestras vidas es compartido. Así que, desde el momento que somos comisionados y en el camino de ir realizando la tarea, Dios dispondrá personas alrededor nuestro para que desarrollemos junto a ellos su plan para el mundo.

Podemos afirmar entonces que los campos misioneros no necesitan obreros que tienen una visión presuntuosa, pensando que pueden cumplir la tarea de manera solitaria. Más bien es urgente obreros con una actitud humilde para ser parte sumándose de manera cooperativa a lo que Dios quiere hacer o que ya está haciendo en donde queremos servir.

Si todavía tienes dudas acerca de esto, piensa un momento en Jesús, sobre cómo él, pudiendo realizar la tarea solo en su omnipotencia, se decidió a compartir con nosotros su plan redentor para la humanidad.

Su voz para nosotros hoy

Puedes escuchar ese llamado divino para el día de hoy en la voz de Dios expresada a través de su Palabra, en ella mirarás sin la más mínima duda su voluntad para ti y los pueblos de la tierra que no tienen todavía su luz. Esta voz en su Palabra nos comisiona a ir a todas las naciones de la tierra:
«*Por tanto, vayan y hagan discípulos de todas las naciones, bautizándolos en el nombre del Padre y del Hijo y del Espíritu Santo*»(Mateo 28:19).

Nos pone en la perspectiva correcta acerca de que somos sus embajadores al darnos el ministerio de la reconciliación de los hombres y el plan que el cielo les ofrece:

«*Y encargándonos a nosotros el mensaje de la reconciliación. Así que somos embajadores de Cristo, como si Dios los exhortara a ustedes por medio de nosotros: "En nombre de Cristo les rogamos que se reconcilien con Dios"*» (2 Corintios 5:20).
Nos alienta a este llamado diciéndonos que no lo haremos solos y que podremos estar seguros de que nunca nos abandonará:

«*Y les aseguro que estaré con ustedes siempre, hasta el fin del mundo*». (Mateo 28:20)

Cumplir con este llamado puede ser agotador en todos los sentidos posibles del ser humano, pero Dios nos promete que si le damos todo a él al entregarnos por completo a su causa, nuestras fuerzas serán renovadas para surcar el horizonte al cual nos lleve hacer su voluntad.

«*Él fortalece al cansado y acrecienta las fuerzas del débil. Aun los jóvenes se cansan, se fatigan, y los muchachos tropiezan y caen; pero los que confían en el Señor renovarán sus fuerzas; volarán como las águilas: correrán y no se fatigarán, caminarán y no se cansarán»*. (Isaías 40:29-31)

Así que podemos estar seguros de que su voluntad implica que todos le conozcan, que su nombre sea exaltado en cada rincón, que cada persona en el mundo escuche la historia de la cruz y de cómo ella es capaz de redimir y traer justicia a su nación. Si escuchamos su llamado seremos parte de quienes Dios usó para cumplir lo que su Palabra nos declara al decirnos que un día personas de cada etnia le darán adoración en el cielo al Cordero Santo, el único digno de recibir gloria. Así que no dudes en responder al llamado de vivir una vida para quien es digno que la vivas.

CAPÍTULO 3

«Debemos ser cristianos globales con una visión global por que nuestro Dios es un Dios global».

John Stott

Hace unos años fui con mi amada y bella esposa Raquel a vacacionar en la Florida Central. Esta zona es muy conocida por la gran cantidad de parques de diversión familiar que contiene. Tomamos el tiempo antes de salir para organizarnos en seleccionar cuáles serían las atracciones que visitaríamos con prioridad para hacer de nuestra experiencia una memorable. En uno de esos días nos preparamos temprano con meriendas, ropa adicional y una buena dosis de entusiasmo para visitar uno de los parques más famosos en esa zona llamado Busch Gardens. Allí acababan de estrenar una nueva montaña rusa llamada Sheikra. Su tamaño es impresionante. Contiene más de 60 metros de altura y viaja a 110 km por hora, pero lo mejor es que esa velocidad es en ángulo de 90 grados en caída, luego de estar suspendidos por 4 segundos en lo alto. Definitivamente, abordar esa atracción es toda una aventura.

Recuerdo que, al llegar al parque, casi todos los visitantes iban directos a participar de esta gran atracción, y yo no me quedé atrás. Al encontrarme frente a ella pude notar la gran diferencia entre lo que veía con mis ojos y lo que había leído de ella en las hojas promocionales. Definitivamente no era lo mismo llegar y verla en persona. Simplemente era inmensa e impresionante. La fila era muy extensa y continua. Cuando te acercabas a su inicio, había algunas exigencias básicas para que las personas pudieran subir. Toda aquella persona que no tuviera la estatura mínima de 1.37 metros no podía participar. De igual manera, aquellas mujeres embarazadas, los que padecían de la espalda, del cuello o recién operados por algún cirujano, era recomendable que se abstuvieran de subir. Por un momento claudiqué. Pensé que abandonar la línea era lo mejor. Sin embargo, me armé de valor y participé de una corrida sin igual. Hoy vivo para contarlo.

En el caso de las misiones, hay situaciones muy parecidas. En ocasiones estamos con un gran deseo de salir a otros lugares para ser de bendición, pero obviamos criterios muy importantes que nos permiten participar de la misión con eficacia. Una cosa es desear participar y otra, en efecto, es responder a la misión. Debemos reflexionar, pues responder al llamado requiere de características importantes para establecer la misión. Si tenemos asuntos internos e íntimos que no hayamos trabajado adecuadamente, podemos exponernos a un escenario riesgoso y peligroso que nos puede lacerar en vez de hacernos disfrutar.

Quiero animarte compartiendo contigo al menos tres características que vemos en la Biblia y que nos pueden ayudar a considerar cuán aptos estamos para participar de la misión. Como jóvenes que deseamos ser instrumentos de bendición en la misión, es vital que velemos que nuestro carácter posea cualidades importantes para el ejercicio de la misión. No poseerlos nos debe llevar a reconsiderar si estamos listos para hacer la fila de la gran aventura de la misión. Recordemos que la misión es de Dios y nuestra respuesta es en la participación de los proyectos. Sin embargo, tomar el tiempo para ver cómo está nuestro pulso en las misiones nos permitirá ver cuán competentes somos en lo que haremos.

Compasión

En una ocasión Jesús se encontraba predicando y llevando a cabo el ministerio que Dios había puesto en sus manos. Su determinación se caracterizaba por atender a las personas con un sentido profundo de compromiso con la misión de Dios. Lo importante es analizar si nuestra actitud en la respuesta a la misión es semejante a la que él tuvo mientras ejercía la tarea de la proclamación de las buenas noticias de Dios.

«*Jesús recorría todos los pueblos y aldeas enseñando en las sinagogas, anunciando las buenas nuevas del reino, y sanando toda enfermedad y toda dolencia. Al ver a las multitudes, tuvo compasión de ellas, porque estaban agobiadas y desamparadas, como ovejas sin pastor*». (Mateo 9:35-36)

El autor destaca que la actitud que Jesús llevaba era de compasión por las multitudes. Lo interesante es que la manera que se acerca a ellos no es con juicio ni exclusión. Su acción estaba orientado por la misericordia hacia ellos. Dietrich Bonhoeffer, quien fue un gran teólogo y trabajó enseñando en campos extranjeros a su tierra alemana, dijo lo siguiente:

Jesús busca buenos pastores y no los encuentra. Esto le llega al corazón. Su misericordia se extiende a todo el rebaño olvidado, a la multitud del pueblo que le rodea. Desde un punto de vista humano, constituye un cuadro desprovisto de esperanza. Más no para Jesús. Ha llegado la hora para que los pobres y miserables sean introducidos en el reino de Dios. Jesús ve el campo maduro y ondulante del reino de Dios. La mies es mucha. Solo su misericordia lo observa. No hay que perder tiempo. No hay que perder tiempo. El campo de la siega no admite dilaciones[4].

Necesitamos personas que se vean con actitud de misericordia hacia quienes no conocen de Cristo.

Al leer este texto en griego original, la palabra utilizada es *splanjinizomai,* que quiere decir, literalmente, que los intestinos se mueven impacientemente. En otras palabras, al ver Jesús las multitudes, sus intestinos fueron incomodados.

Debemos preguntarnos si cuando vemos la condición de las personas que no están cerca de nosotros tenemos este tipo de malestar en nuestro corazón. Lo interesante es que ese texto sigue con una oración que afirma que el deseo de Jesús es que sean enviados obreros al campo». El dicho de Jesús es: *«La cosecha es abundante, pero son pocos los obreros –les dijo a sus discípulos– Pídanle, por tanto, al Señor de la cosecha que envíe obreros a su campo.* (Mateo 9:37-38). Pudiéramos decir que las palabras de Jesús son: Díganle a Dios que envíe personas que les dé dolor de barriga al ver la gente perdida. ¡Wow! Necesitamos personas que se vean con actitud de misericordia hacia quienes no conocen de Cristo.

4 -Dietrich Bonhieffer, *El precio de la gracia*: El seguimiento, Verdad e imagen, Salamanca, España, 1999, p. 133.

¡Campos listos!

Hace unos días miraba una noticia en el telediario, se trataba de un numeroso grupo de africanos de Somalía y Eritrea que habían pagado para viajar de polizontes en una embarcación rumbo a América. Fueron descubiertos por la armada colombiana y estaban a punto de ser deportados. Uno de ellos pedía, hablando en un castellano apenas entendible, que no los regresaran a sus países, porque estarían firmando con ello su sentencia de muerte. Esto me hizo pensar acerca de nuestra comprensión de este texto «...que envíe obreros a su campo». (Mateo 9:37-38). Te pregunto entonces: ¡cuáles son estos campos de los que Jesús habla? La tendencia es a pensar en ellos como un espacio solo geográfico, cuando en realidad estos campos tienen más que ver con corazones necesitados y sedientos del amor del Padre. Debemos traducir estos campos como las personas que necesitan de una nueva esperanza, ya sea que se encuentren en la ventana 10-40 o al lado de tu casa. Creo que muchos oramos por la China sin caer en cuenta que hace años Dios está trayendo a la China a nuestro patio trasero. ¿Quiere decir esto que dejemos de orar y enviar misioneros a China continental? ¡De ninguna manera! Sino que oremos a Dios para que él amplié nuestro corazón y visión para responder y ser enviados donde quiera que estén estos campos listos para ser cosechados por el mensaje de Esperanza.

ANDRÉS

Inclusión

Uno de los asuntos que me parece determinante para que la misión sea efectiva es desarrollar un alto nivel de sensibilidad en las cosas que hacemos en respuesta a la misión. Lamentablemente, en algunas ocasiones, por querer alcanzar resultados de «conversiones, milagros y testimonios» perdemos de vista la importancia de tener corazones sensibles a la voz de Dios y a la necesidad del prójimo. Cuando nos acercamos a un lugar con el sentido frío de «cumplir» con el llamado sin tener sensibilidad, nos ensordecemos y perdemos la noción de identificar la voz de Dios en quienes estamos visitando.

Hay un texto bíblico que tiende a resultar en uno de difícil lectura para algunos porque presenta una expresión de Jesús un tanto difícil de digerir. Sin embargo, nos ilustra muy bien las cosas que hacemos como predicadores sin entender las necesidades más apremiantes de quienes están cerca de nosotros. En una ocasión, Jesús recibió la visita de una mujer extranjera con una petición muy importante. Su esperanza era que Jesús liberara a su hija que tenía un espíritu inmundo. Lo leemos así:

«*Jesús partió de allí y fue a la región de Tiro. Entró en una casa y no quería que nadie lo supiera, pero no pudo pasar inadvertido. De hecho, muy pronto se enteró de su llegada una mujer que tenía una niña poseída por un espíritu maligno, así que fue y se arrojó a sus pies. Esta mujer era extranjera, sirofenicia de nacimiento, y le rogaba que expulsara al demonio que tenía su hija.* "*Deja que primero se sacien los hijos –replicó Jesús–, porque no está bien quitarles el pan a los hijos y echárselo a los perros*". "*Sí, Señor –respondió la mujer–, pero hasta los perros comen debajo de la mesa las migajas que dejan los hijos*"». (Marcos 7:24-27)

Al leer este fragmento creo que a muchos se nos oprime el corazón por las palabras de Jesús. Cuando leemos un poco de la historia que sucede aquí, nos encontramos con que una mujer de Tiro acude a Jesús. El detalle importante es que, para el tiempo que el Evangelio de Marcos se escribe, el gran historiador Josefo había destacado que los residentes de Tiro habían ido a la guerra contra los judíos y habían matado a muchos de ellos. Entonces, la mujer sirofenicia representaba al pueblo gentil enemigo del pueblo de Jesús: los judíos. Es decir, las palabras que Jesús utilizó contra esta mujer eran típicas del dolor que sentían los judíos que habían experimentado la pérdida de sus seres queridos.

De manera impresionante, Jesús le contesta que los perros no pueden comer y saciarse del pan de los hijos. Sin embargo, esta mujer afirma que los perros podían comer de los residuos de la mesa. Ella estaba desesperada por un milagro para su hija y le contestó a Jesús que ella podía beneficiarse del favor de Dios. La determinación de esta mujer provocó que Jesús retomara sus palabras para afirmar que la petición de la mujer era muy importante, pues, de forma sucinta, ella le suplicó que incluyera a los gentiles en el plan de la misión. Lo más espléndido es que Jesús no rechaza a la mujer ni a su petición y tampoco la subestima o la expulsa. Lo hermoso es que el Señor no le ofrece migajas, le prepara un lugar en la mesa y la sienta a su lado. No se conforma con sanar a su hija, sino que declara y demuestra que su gracia no está limitada al pueblo judío[5]. Luego podemos ver que los gentiles pueden comer pan y saciarse del milagro que Jesús hace en Marcos 8:1-10. ¡Qué tremendo! Los gentiles podían ser parte del pan de Dios, comer y saciarse.

En la actualidad muchas personas de diversos países suplican ser incluidos en una misión de amor y compasión hacia ellos. Sin lugar a dudas, vemos que Jesús fue el primer misionero en la Biblia que determinó que el reino de Dios es inclusivo y no exclusivo de unos pocos. Es hermoso saber que el reino de Dios no se reserva el derecho de admisión. Debemos pensar si en nuestra agenda de proclamación hemos incluido a quienes no están cerca de nosotros para que puedan encontrarse con Dios.

5 Mizraím Esquilín, *El despertar de la adoración*, Editorial Caribe, Nashville, TN, 1995, p. 139.

Sacrificio

Todo proyecto exitoso requiere de identificar los ajustes que hay que hacer para ser más eficientes en lo que queremos alcanzar, pero ningún plan eficiente es alcanzable si permanecemos en la zona de comodidad. La proclamación del evangelio en las naciones no ignora ese principio tampoco. Responder a la misión nos lleva a calibrar nuestra voluntad con el contenido de ella para ver cómo esta puede llevarse a cabo.

Una buena manera de comprender esto es al ver la escena de la película «Titanic» entre el personaje de Jack Dawson y Rose De Witt ante el inminente naufragio del barco. Jack se lanza con determinación entre las aguas heladas para rescatar y poner a salvo a su amada Rose. La actitud de este joven le llevó a sacrificar su comodidad por la vida que pudiera preservar su amada.

¿Amamos a los misionados que intentamos visitar para compartir el evangelio? ¿Cuántos sacrificios estamos dispuestos a hacer para llegar a ellos? ¿Qué cosas estamos abiertos a cambiar en nuestro carácter para modelar un testimonio de bendición? Como jóvenes tenemos que ver qué cosas nos están retrayendo de participar en la aventura de la misión de Dios.

La respuesta al llamado de ir a la misión es una ofrenda de adoración. Al entregamos por completo la proclamación del evangelio siguiendo la dirección de Dios, nos entregamos en sacrificio vivo. Pablo lo dijo así:

«*Por lo tanto, hermanos, tomando en cuenta la misericordia de Dios, les ruego que cada uno de ustedes, en adoración espiritual, ofrezca su cuerpo como sacrificio vivo, santo y agradable a Dios. No se amolden al mundo actual, sino sean transformados mediante la renovación de su mente. Así podrán comprobar cuál es la voluntad de Dios, buena, agradable y perfecta*». (Romanos 12:1-2)

Esta porción nos recuerda que la respuesta a la misión requiere entrega total en sacrificio vivo. Dios nos llama a ser cristianos que pierdan la vergüenza de hablar de él. ¿Qué estás esperando? «*El sacrificio, motivado por el amor genuino y la preocupación es muy difícil de no tener en cuenta. Simplemente grita por una respuesta de algún tipo, lo que es probable que sea una parte importante de por qué Jesús vivió una vida de tanto sacrificio, y luego nos llamó para que siguiéramos sus pasos*[6]». Es hermoso saber que el llamado que Dios nos ha hecho es para que podamos entregarnos por completo a su misión, pero debemos saber que para que esta se cumpla, se necesita una nueva generación que se vuelque en servicio a los demás y tome en cuenta la necesidad de una proclamación viva.

Te invito a que desarrolles la actitud de una persona identificada con la misión. Te animo a que generes compasión, inclusión y sacrificios que puedan ayudar en la misión que todos tenemos: dar a conocer el amor de Cristo.

6 - Bill Hybels y Mark Mittelberg, *Conviértase en un cristiano contagioso*, Editorial Vida, Miami, FL, 2003, p. 83.

CAPÍTULO 4

«La voluntad de Dios no te llevará
donde su gracia no te pueda sostener».

Jim Elliot

El joven que dijo que no

«Jesús lo miró con amor y añadió: "Una sola cosa te falta: anda, vende todo lo que tienes y dáselo a los pobres, y tendrás tesoro en el cielo. Luego ven y sígueme"». (Marcos 10:21)

Estuve a punto... Casi lo logré, pero ese día algo pasó... Ah... mi rodilla se fracturó en ese justo momento... El bus esa tarde se accidentó, me quedé relegado... No llegó... No llegué... No pude... Me quedé helado... Te aseguro que si otra vez me tocara vivir lo mismo, otra sería la historia.

Todos hemos escuchado las mismas frases viniendo de gente que estuvo a punto de conseguir su sueño, pero que en algún momento del camino hacia su cumplimiento, y casi siempre en el minuto más crucial, por alguna extraña razón propia o ajena, algo se interpuso para que este se diluyera. Aun pareciese que en el instante en el que nos las cuentan hay un gran paréntesis que se abre en sus memorias, les lustra los ojos y acelera sus palpitaciones llevándoles siempre a ese triste campo minado de lo inconcluso, un lugar en el cual nadie querría caminar.

Una conversación con esos matices tendríamos hoy si lográramos tan siquiera tener una sutil charla con el chico que protagonizó la historia que paso a recordarte. Este era un joven con toda la chispa para encender su vida y correr tras el sueño que atesoraba su corazón, él esperaba su gran día, su gran encuentro, de la misma forma como espera el pitazo inicial un futbolista debutante. El maestro, aquel que podía mostrarle el camino más excelso que él deseaba andar, estaba en su ciudad y él tenía suficientes contactos para saber cómo llegar hasta él y plantearle en persona su deseo, así que, en cuanto lo vio, supo que había llegado su hora. El chico corrió hasta Jesús entusiasmadamente para presentarle su caso y descargar en él el deseo que ardía en sus entrañas de vivir una vida que honrara a Dios, que lo pusiera en primer lugar y que, en su momento, lo llevara al Padre. Su entusiasmo nunca contrarió a Jesús, quien le amó, pero puso firmemente frente a él la elección más crucial de su vida, aquella que tendría implicaciones directas en su entorno afectando sus placeres ocultos, su comodidad y todo aquello a lo que se aferraba más de lo que creía. Se quedó atónito ante la propuesta divina y respondió con la palabra más rotunda que cualquier humano puede decir, pues ni todas las excusas del mundo bastan en la presencia del mismo verbo hecho carne, aquel que afirmó los pilares del universo con solo su palabra. Jesús dijo:«sígueme»y él, dando media vuelta, dijo NO.

Cuando pienso en este joven aterrizan en mi mente todas aquellas historias que no pudo contar, todos los milagros de los cuales no fue parte, todos los grandes eventos que se perdió, todas aquellas conversaciones privadas con Jesús que nunca escuchó. Pudo ser parte de la historia más apasionante que estaba a punto de desarrollarse desde las polvorientas calles de Israel, pero no lo fue. En vez de dejarlo todo y seguir a Jesús como los otros discípulos, decidió enfrascarse en los asuntos de este mundo más de la cuenta. Seguramente, en los instantes que tardó para responder al llamado de Jesús, pensó en que tendría que abandonar aquel suntuoso estilo de vida que le hacía tener todo bajo control. Reflexionó también en el cambio de estatus de su reputación, aquella que le generaba reconocimiento en las calles. Aun tuvo que cavilar en su mente lo que sería encarar a su familia y amigos para explicarles algo que seguramente no entenderían, para luego dejarlos y así sumarse al siempre intenso ministerio de Cristo.

Anotó todo esto en la lista de su mente y continuó escribiendo lo que enfrentaría si respondía que sí al llamado de Jesús. Pensó lo que implicaría someterse a su autoridad, todos los cansancios y también desvelos que seguramente tendría al correr en semejante aventura. Surcaron en su cabeza los sufrimientos, los malos tratos, las críticas, las censuras, el siempre estar en peligro, la incomodidad y los horarios siempre cambiantes. Siguió anotando en las páginas de su razón que tendría que tratar con gente que él no acostumbraba, hacer ministerio y convivir entre personas tan distintas a él en costumbres y posición social. Parece que fue un aluvión sobre él la idea de suponer el hecho de servir junto a ellos a las multi-

tudes de enfermos y pobres que se agolpaban junto a Jesús al llegar a cada ciudad. Fueron tantas imágenes que se anidaron en su corazón que lo dejaron en silencio. Supo que esto no era para él, o tal vez sí, siempre lo fue, pero no estaba dispuesto a pagar el costo.
Es posible que no pensara en todo lo que ganaría si caminaba con Jesús haciendo su voluntad para su vida y que solo se quedara en lo que tendría que abandonar y en los riesgos, pero nunca su corazón lo enfocó en la ganancia, aquella que solamente surge de cuando conoces al Señor de manera vibrante y emocionante a través de las muchas rosas y espinas que tiene el camino de servir junto a él y junto a aquellos compañeros de ruta que Dios pone cuando aceptas su llamado.

Heme aquí, envíame a mí

Sin querer quitar todo lo romántico que puede ser responder al llamado misionero y dedicar tu vida como un obrero a largo plazo en una cultura distinta a la tuya, hablaremos –en honor a la verdad– de ciertas implicaciones en distintos niveles que va a enfrentar todo aquel que decida dedicar su vida a Dios propiamente como un enviado.
Así que podríamos dividir estas implicaciones de la siguiente forma:

Personales

Para salir al servicio misionero tendrás que estar preparado siempre para asumir que deberás dejar a un lado mucho de lo que vives o podrías llegar a vivir en tu país. Esto trastocará algunos sueños personales, expectativas de vida, deseos en distintas áreas y anhelos íntimos que deberás retrasar o, muchas veces, abandonar.

Algunos de estos deseos pueden ir en función de estudios superiores que ya posees, pero que tal vez no podrás continuar o con expectativas de vida, pues quizás deseabas comprar una gran casa o el auto de tus sueños, pero tu nueva realidad en otro lugar no te lo permitirá.

Sin ánimo de querer hacer demasiado lúgubre el panorama,

suele pasar que podrás mirar cómo tus amigos en tu país de origen sí van realizando muchos de esos anhelos que tú tenías, pero que no podrás completar por el momento o lugar donde te encuentras.

Estas son solo un par de cosas comunes que los misioneros viven, pero ya que las expectativas en la vida son un asunto propio y difieren muchísimo de persona a persona, antes de embarcarte en la aventura del largo plazo misionero, una recomendación será hacer tu propio análisis de situación y estar seguro de los anhelos que deberás retrasar o a los que tendrás completamente que renunciar.

La salida al campo misionero puede ser abordada de muchas maneras. Aunque ciertamente hay cosas que debemos dejar de lado cuando salimos al campo, también podemos ir con alguna educación formal que sirva para contribuir desde otros puentes. Es decir, no siempre se hacen misiones para plantar iglesias. Puedes prepararte académicamente y con tu profesión servir en otro lugar. Sí, ciertamente dejarás a tus amistades inmediatas y cercanas, pero podrás servir desde la base profesional en la que te capacites. Hoy son muchos los médicos que sirven en otros países con un fin misionero desde su profesión. Podemos también incluir maestros que enseñan otras lenguas, profesores universitarios, ingenieros, farmacéuticos y muchos más. Entonces, al desarrollar tu vocación profesional, podrías identificar cómo puede servirte de base para ejercer la misión de Dios en el campo.

ELIEZER

Familiares

Para ilustrarte esto basta con ir a un pasaje muy conocido en los evangelios en el que Jesús pronuncia estas fuertes palabras:

A otro le dijo:

–Sígueme.

–Señor –le contestó–, primero déjame ir a enterrar a mi padre.

–Deja que los muertos entierren a sus propios muertos, pero tú ve y proclama el reino de Dios –le replicó Jesús. (Lucas 9:59-60)

Muchos teólogos suelen afirmar acerca de esta escena que quien está pidiendo esta concesión a Jesús es, probablemente, el hijo menor de la familia, quien por costumbre debía vivir en un radio cercano al de sus ancianos padres con el fin de cuidarles y proveerles hasta el momento de su fallecimiento. Es decir que, cuando Jesús pronunció estas palabras al hombre, el cuerpo de su padre no estaba cerca de entrar a la sepultura.

Jesús está tratando de enseñarnos que la familia no debe ser un impedimento para actuar cuando él nos llama a su obra. Ahora bien, esto no es un asunto sencillo, debes estar dispuesto a despedirte continuamente de la gente que amas y a los tiempos prolongados sin verlos y asumir que vas a perderte muchas cosas importantes de sus vidas y ellos de la tuya, tales como cumpleaños, nacimientos, graduaciones, etc. Inclusive no verás crecer a miembros de tu familia y no podrás estar cerca cuando los efectos de la vejez comiencen a notarse en los demás. Definitivamente, esta es una de las implicaciones más complejas y dolorosas que enfrentamos especialmente los misioneros de contextos latinos, pues la estructura de nuestras familias casi siempre es muy cercana. Así que, si posees ese tipo de familia que se ven todos los domingos para almorzar o que suelen ir todos juntos de vacaciones, no será nada fácil convivir con que, de un momento a otro, los tienes muy lejos de ti. Aun así, te animo a pensar que tampoco es imposible, ya que con la ayuda de Dios y el hacer nuevos amigos en el lugar donde llevarás adelante tu vida, más los tiempos de licencia cada cierto tiempo prudencial, todo esto será más llevadero.

Sociales

A la hora de abordar una cultura distinta a la propia es vital entender que, por el bien de los otros, tu trabajo como misionero transcultural se someterá a algunos aspectos del contexto de la gente que deseas alcanzar. Sí esto es así, algunos roles cambiarán dramáticamente. Para darte una muestra de ello, piensa en las mujeres que sirven como misioneras dentro de contextos musulmanes y en su vestimenta, su trato hacia el sexo opuesto, su posición en la sociedad, su comportamiento en celebraciones, mientras caminan por la ciudad, etc. Podríamos afirmar que siempre su trato hacia otros será tajantemente distinto al que tuvieron en su país natal.

También imagina que una familia estaba acostumbrada a ir todos los domingos a la noche por un helado y regresar caminando a casa todos juntos porque en el entorno en el cual vivían nunca encontraban ningún riesgo considerable. Ahora bien, piensa en lo que pasa con esta familia al mudarse para servir a Dios en un contexto extremo de violencia. Estarás de acuerdo conmigo en que seguramente tendrán que encontrar nuevas maneras para pasar tiempos de comunión.

Intimas

Muchas veces el ministerio misionero también tocará aspectos íntimos en los cuales tendremos que ceder ciertos espacios que en nuestros países no tendríamos por qué hacerlo, por ejemplo en el manejo de la privacidad, en el aseo personal (por ejemplo, en algunas zonas del África se bañan dos veces a la semana solamente), en las mudanzas constantes, en la administración del dinero (en especial si estás trabajando en contextos de extrema pobreza, deberás ser más comedido en este aspecto y optar un estilo de vida más sencillo) o en el sentido del tiempo (imagínate que los árabes hacen ver a los latinos como puntuales ingleses).

Podríamos citar muchos otros aspectos en esta misma dirección, pero lo importante es que sepas que servir a Dios en otra cultura supondrá tensión constante, pues implica acomodarse a una nueva cultura con distintos valores y normas.

Ministeriales

Otro factor a considerar lo constituye el hecho de comenzar una nueva vida ministerial desde cero. Sé que puede sonar emocionante el discurso de quienes movilizamos misiones animando siempre desde la plataforma con la consigna de ir y predicar para ¡salvar a las naciones! No te quepa duda de que eso es cierto, pero la vida misionera, especialmente en los primeros años, no será tan vertiginosa, ya que estará más ligada con el aprendizaje de la cultura y del idioma en un proceso que tardará años. Esta dura realidad agrega una gran dosis de estrés al que ya sufren muchos misioneros, provocándoles un fuerte choque transcultural al recordar que en sus iglesias eran grandes predicadores, pero que en la cultura que se plantean servir, al compararse con un pequeño niño local, caen en cuenta que este puede comunicarse mejor que ellos.

Otro factor a considerar lo constituye el hecho de comenzar una nueva vida ministerial desde cero.

En este mismo aspecto, debemos agregar a todo lo anterior la dificultosa dinámica de trabajar en equipos misioneros en los cuales todos sus integrantes vienen de trasfondos ampliamente distintos en términos idiomáticos, culturales, religiosos, etc. Además de lo antes mencionado, cada uno de los miembros sostiene sus propias expectativas y manera de hacer las cosas. Todo lo anterior traerá ajustes importantes en la vida del obrero si es que desea realmente servir junto a otros en equipo, aunque esto brevemente explicado es, sin duda alguna, mucho más complejo de lo que cualquier libro de misiones podría explicar.

Riesgos

Muchos de los lugares donde la misión de Dios apunta son regiones donde la iglesia sufre una intensa persecución y donde los enviados no son bien recibidos. Son los países denominados de «acceso creativo», ya que nunca entrarás en ellos con una gran visa de misionero luciéndose en tu pasaporte. En estos sitios, aquellos que son cristianos son discriminados en muchos sentidos y sus vidas corren riesgos que van desde no poder acceder a los servicios básicos o incorporarse al mercado laboral, hasta ser golpeados, encarcelados y aun asesinados por el simple hecho de profesar su fe en Jesús. Todo enviado hacia estos rumbos deberá saber que su vida y la de su familia, como también la de los nuevos creyentes, siempre estarán en algún tipo de peligro.

Los problemas de salud que pueden surgir por enfermedades que en occidente ya son parte del pasado, ya que en gran parte de la tierra los servicios de salud son bastante precarios, todavía se mantienen latentes.

La inestabilidad política de los países de «acceso creativo» en ocasiones es bastante severa. Golpes de estado frecuentes, guerras, las llamadas «limpias raciales», movimientos de refugiados e intervenciones militares extranjeras, todas estas convergen para poner en riesgo la vida de los misioneros hacia estas zonas de conflicto.

Cien veces más

"–¿Qué de nosotros, que lo hemos dejado todo y te hemos seguido? –comenzó a reclamarle Pedro.

–Les aseguro –respondió Jesús– que todo el que por mi causa y la del evangelio haya dejado casa, hermanos, hermanas, madre, padre, hijos o terrenos, recibirá cien veces más (Marcos 10:28-30).

Hasta ahora espero no haberte sacado las ganas de ser un aliado de Dios en la maravillosa aventura de la transformación de naciones. Mi deseo más bien fue «darte un pantallazo» bastante general y hacerte pensar en algunas de las implicancias que conlleva cargar la cruz en otras regiones distantes a tus afectos y contexto.

Te estarás preguntando: ¿Qué gano con todo esto? ¿Hacia dónde iban las palabras de Jesús cuando les decía a sus discípulos que todos aquellos que dejaran sueños, familia, tierra, en pos de seguirlo y darle a conocer entre los pueblos ganarían cien veces más de lo que dejarían?

Creo que, para decirte lo que considero fundamental, debo remontarme a las palabras de un joven que en vez de decir no, dijo sí, y siguió fielmente a Jesús hasta el fin de sus días en una isla. De quien te hablo es del apóstol Juan.

«*Lo que hemos oído, lo que hemos visto con nuestros propios ojos, lo que hemos contemplado, lo que hemos tocado con las manos, esto les anunciamos respecto al Verbo que es vida. Esta vida se manifestó. Nosotros la hemos visto y damos testimonio de ella [...] Les anunciamos lo que hemos visto y oído, para que también ustedes tengan comunión con nosotros. Y nuestra comunión es con el Padre y con su Hijo Jesucristo*». (1 Juan 1:1-3)

Juan pudo decir algo como esto: «A mí no me lo han contado, yo viví junto a Él».Definitivamente cuando renunciamos a las cosas que Dios desea que renunciemos por servirlo a Él, nos disponemos a entrar a un portal distinto de nuestra comunión con Dios.

Recuerdo años atrás cuando salimos con destino a Uruguay siendo una muy joven familia. Llegamos al país dejando atrás las más tristes despedidas, las incomprendidas explicaciones del porqué dejábamos todo, los besos de los abuelos a su nieta, las interminables conversaciones con nuestros mejores amigos. Estoy seguro de que si alguien nos hubiera preguntado la mañana que salíamos en el aeropuerto el motivo de nuestro viaje, hubiéramos dicho sin titubear que íbamos para que más uruguayos conocieran a Dios.

Varios años después de esa mañana, mirando en perspectiva todo lo que hemos vivido –tristezas, momentos de carencia, triunfos, incertidumbres y milagros apabullantes– puedo decir con total seguridad que él nos traía para que, antes de dar a conocer a Dios, lo conociéramos a él a través de un abanico de desafíos que no estábamos preparados para vivir, pero en los cuales lo vimos como proveedor, sanador, restaurador, como el que te alegra y como amigo, como quien hace desaparecer tu soledad con un rayo de su compañía.

Puedes estar seguro de que tu mejor ganancia será conocerlo en medio de esa aventura de servirlo cuando sirves a otros y que en tu corazón reposará la satisfacción de estar haciendo la voluntad de Dios para el mundo. En otras palabras, serás parte de ese engranaje divino que siembra en lo eterno para cosechar, allí precisamente, lo eternamente valioso.

Te insisto en la idea de que la ganancia consiste en el gozo inefable de ver nuevos creyentes, iglesias levantándose literalmente del polvo, personas arrancadas de las garras de Satanás y la transformación de familias en las cuales Dios te usó para ser su boca y sus manos. También la ganancia tiene otros alcances como los nuevos amigos que haces de otras nacionalidades y que se vuelven tus hermanos, tíos y, en ocasiones, hasta padres y abuelos; el conocimiento de nuevos idiomas, la bendición de ganar otras nacionalidades, la madurez que trae hacerte un ciudadano más sensible y más global puesto que cuentas con un corazón peregrino.

Así que no compres espejos de colores, puesto que invertir tu vida en lo que es tan eternamente valioso como conocerlo y darlo a conocer, no es un sacrificio, es invertir para ganar ¡cien veces más!

CAPÍTULO 5

«En lo esencial, unidad; en lo no esencial, libertad; en todo; amor»

Rupert Meldenius

Cuando estaba en la escuela, una de las maneras que tenían algunos maestros para medir si estábamos aprendiendo bien el material era solicitarnos trabajos en grupo. Esto creaba una suma de reacciones entre los que participábamos de la clase. Algunos se preocupaban por la carga de trabajo y otros celebraban que otros harían la labor solicitada por los instructores. La orden de los maestros nos obligaba a reunirnos y delegarnos responsabilidades para hacer la tarea asignada con eficacia. En ocasiones nos topábamos con dificultades de tiempo, responsabilidad y de interés para realizar el compromiso por parte de algunos de los participantes. Lo interesante es que tal responsabilidad recaía en todos y no solamente en unos pocos. Me parece que en ocasiones nos encontramos en la lucha de las misiones con la misma situación.

En el ejercicio de las misiones debemos recordar que el llamado para salir a las naciones es colectivo y no queda solo en lo individual. Si bien hemos dicho que la misión es de Dios, también hemos afirmado que es la iglesia quien la articula en su ejecución. Lo podemos leer de esta manera: «*Por tanto, vayan y hagan discípulos de todas las naciones, bautizándolos en el nombre del Padre y del Hijo y del Espíritu Santo, enseñándoles a obedecer todo lo que les he mandado a ustedes. Y les aseguro que estaré con ustedes siempre, hasta el fin del mundo*» (Mateo 28:19-20). Por lo tanto, tenemos una gran responsabilidad y una gran promesa de fidelidad de Dios diciéndonos que estará con nosotros.

Al detenernos a estudiar las palabras de Jesús, nos percatamos de que su llamado es universal para todos los creyentes. En este caso, nos percatamos de que es un esfuerzo colectivo de inicio a fin en todo lo que vamos y tenemos que hacer. Por eso es importante que veamos que dentro del proceso de elaboración de la misión podemos constatar que hay todo un equipo de aliados que nos pueden ayudar en su desarrollo y confección. Estas son personas que se unen a nosotros en el proceso de la misión para que se haga con efectividad. La misión requiere que estemos acoplados.

Mucho se ha debatido en los últimos años sobre la relación entre misión y unidad. Ambos son inseparables. Cumplir el mandato misionero de «hacer discípulos» (Mateo 28:19) es savia de vida para la iglesia. Propiciar caminos de unidad es un reclamo que el Señor mismo nos hace «para que todos sean uno» (Juan 17:21). Ambas dimensiones deben ser preocupación de la iglesia en su peregrinaje hacia el reino de Dios... Es de cardinal importancia entender que la unidad no es un principio táctico o de convivencia funcional, sino que es una condición para hacer misión[7].

Sumarse es mejor

Es una frecuente tentación para los nuevos misioneros suponer que la visión de Dios para ese pueblo comienza cuando colocan su primer pie sobre esa tierra y, fijando su vista sobre aquél lugar, no se detienen a rastrear las muestras existentes de lo que Dios seguramente ya había comenzado a hacer desde antes de su llegada. El viento que abanica sus corazones es un sentir «mesiánico» y suelen ocurrir algunas de estas cosas. 1) comienzan a tener un espíritu separatista de sus otros colegas creyendo que ellos son poseedores de «La visión». 2) El crecimiento de los locales se ve fracturado, ya que no hay una apuesta seria para el desarrollo del liderazgo. 3) Falta de sujeción al liderazgo del equipo pues no se concibe que otro sea quien lleva adelante la visión.

ANDRÉS

7 - Carmelo Álvarez Santos y Carlos F. Cardoza Orlandi, *Llamados a construir el Reino: Teología y estrategia misionera de los Discípulos de Cristo 1899 - 1999*, Bayamón, Puerto Rico, 2000, p. 19.

En otras palabras, no podemos efectuar la misión si no comprendemos que debemos hacerlo en unidad. Jesús lo dijo de esta manera: «*Yo les he dado la gloria que me diste, para que sean uno, así como nosotros somos uno: yo en ellos y tú en mí. Permite que alcancen la perfección en la unidad, y así el mundo reconozca que tú me enviaste y que los has amado a ellos tal como me has amado a mí*». (Juan 17:22-23).

Definitivamente podemos ver que la unidad nos dirige a que la misión de la proclamación sea comprendida por quienes vamos a conocer.

Antes de entrar directamente en el proceso de la misión, me parece importante identificar cuáles pueden ser nuestras motivaciones misioneras para verificar quiénes pueden ser nuestros aliados en el proceso. Estas motivaciones pueden ser:

1. **De conversión** - Enfatiza el valor de una decisión personal y compromiso por Cristo. Ve el reino de Dios como una suma de almas convertidas.

2. **Escatológicas** - Presenta que el reino de Dios es algo que ocurrirá en el futuro y pierde interés en las exigencias de la vida procurando el avance de la venida de Cristo como meta principal.

3. **De plantación de iglesias** - Destaca la importancia de formar una comunidad de los comprometidos en diferentes lugares donde se reúnan. Ve al reino de Dios como la iglesia.

4. **Filantrópicas** - Recalca el desafío de buscar justicia en el mundo para identificar el reino de Dios con una sociedad mejor.

Es fundamental que conozcamos estos detalles porque una base incompatible para la misión y motivos misioneros ambiguos conllevan a una práctica misionera deficiente[8].

8- David J. Bosch, *Misión en transformación: Cambios de paradigma en la teología de la misión*, Grand Rapids, MI, 2000, p. 20.

Personalmente recomiendo que el esfuerzo misionero esté orientado a un proceso que integre cada una de las motivaciones antes mencionadas sin menospreciar ninguna. No obstante, tenemos que saber cómo es el campo al que aspiramos impactar y ver qué es mejor para poner en práctica. Cualquiera de nuestras motivaciones debe ser ejecutada en equipo y no en solitario. Por eso quiero recomendarte mirar por lo menos tres aliados que deben ser parte de todo esfuerzo misionero:

Iglesia local o ministerio nacional

Todo proceso formativo en el desarrollo de nuestro llamado tiene un génesis que ocurre en comunidad. Para validar el llamado de una persona en cualquier actividad ministerial, es importante que quienes estén cerca de nosotros afirmen nuestra vocación. Penosamente, en muchas ocasiones nos encontramos con muchos jóvenes con grandes sueños de compartir el mensaje del evangelio que no toman el tiempo de educarse para estar preparados. Me parece importante exhortarte a que podamos congregarnos y canalizar nuestras inquietudes ministeriales con tu pastor o líder de ministerio. Aunque comprendo que en algunos casos hay líderes que no poseen un corazón para las misiones, creo que Dios nos dirige al tiempo preciso de ejecutar el llamado. Además, si en algún momento sales al campo de forma definitiva, la compañía de la congregación a la distancia se convierte en un pilar sólido que ayuda a enriquecer tu ministerio más allá de las fronteras o los mares. Te exhorto a que establezcas comunicación con ellos mediante reportes, vídeos y fotografías que puedan hacerlo sentir junto a ti en el campo de la misión. Estoy convencido de que esos detalles harán que muchos más se interesen por respaldarte en oración y hasta unirse en la misión.

Otras iglesias auspiciadoras y ministerios

Al salir al campo es importante que podamos hacer alianzas con ministerios que hayan pavimentado el terreno sobre el cual caminamos hoy. En algunas ocasiones, algunos misioneros, en el romance y entusiasmo de participar del campo de la misión, se olvidan que antes de llegar allí hubo un grupo de personas que respondió al llamado de Dios con pasión y se entregó por la causa de la misión. Es probable que al llegar a un lugar para participar de la misión te encuentres con gente que tengan alguno hábitos distintos a los tuyos en la manera de exponer el evangelio. Ellos también son nuestros hermanos en el proceso de hacer misión. Por eso es importante que nos movamos en unidad para fortalecer el propósito de lo que queremos alcanzar.

El proyecto misionero no puede elaborarse desde una perspectiva de competencia entre grupos. Ante ello, es importante que abracemos la colaboración con otros equipos. En ese esfuerzo podremos comprender que Dios nos llama a servir como una sola iglesia. No compartir y servir juntos puede tornarse en hacer un evangelio pecaminoso. Marvi J. Newell dice: «*es importante que los misioneros puedan hacer esfuerzos concertados para guardar un evangelismo sin recriminación. Cuando el celo evangelístico no se conjuga con la integridad moral, le hacemos una daño profundo al evangelio. Hasta lo hacemos detestable y no convincente. Para ponerlo más crudo, hacemos del evangelismo un pecado*[9]» Intentemos construir puentes de colaboración y no riscos de destrucción. La causa del evangelio es primordial en hacer llevar a cabo la misión.

Intentemos construir puentes de colaboración y no riscos de destrucción.

Para eso, propongo que hagamos esfuerzos de unidad con los ministerios que estén colaborando en el campo. En otras palabras, que nos movamos en gestiones ecuménicas. Sí. Leíste bien. El ecumenismo, lejos de lo que muchos le huyen, critican y rechazan, no tiene nada que ver con aspectos interreligiosos y de otras creencias que no sea que Cristo es la cabeza de la iglesia. Su definición parte de promover la unidad de la iglesia cristiana en todos los lugares que se reúna el cuerpo de Cristo. Comprendo que en ocasiones se ha dicho que el ecumenismo

9 - Marvin J. Newell, *Commissioned: What Jesus wants you to know as you go* [Comisionado: Lo que Jesús quiere que sepas mientras vas],9 Saint Charles, IL, 2010, p. 47.

tiene que ver con hacer puentes con otras religiones, pero no hay nada más alejado de la verdad que tal cosa. Después de todo, el mundo observa los esfuerzos de los misioneros, no como protestantes, pentecostales o católicos. Para ellos somos cristianos y, por ende, debemos procurar esfuerzos de colaboración mutua que desarrollen el reino de Dios. Luego hablaremos de cómo hacer la evangelización.

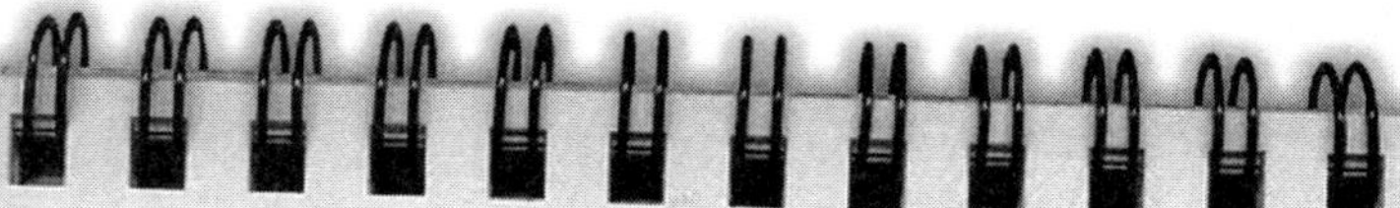

Agencias misioneras

Antes que nada déjame comentarte que según la página oficial de COMIBAM en el 2006 en Iberoamérica contábamos con 7989 misioneros que sirven a través de unas 539 agencias misioneras. Todos ellos han elegido servir a través de una agencia. ¿Por qué son tan importantes estos aliados en el cumplimiento de la misión y por qué pueden servirte de tanta ayuda en un proceso misionero? 1) En la Biblia tenemos vasto ejemplo para creer que el servicio misionero no debe hacerse de manera solitaria. 2) El ministerio pionero necesita de una especial contención pastoral y de rendición de cuentas. 3) El ideal para servir en misiones es que siempre se haga bajo el tutelaje de otros obreros con mayor experiencia. 4) Cuando trabajamos en equipo, desarrollamos comunidad y sentido de pertenencia. 5) Desarrollar nuestro servicio de manera conjunta hará que hayan más dones y habilidades fluyendo para la extensión del Reino. 6) Las agencias misioneras debido a su experiencia van a servirte de plataforma en ámbitos de capacitación, logística, administración y envío de tus finanzas.

ANDRÉS

Los habitantes locales

Llegar a un lugar nuevo tiene sus desafíos. Los elementos culturales siempre traen retos que resultan en tiempos de adaptación complejos en lo que vamos establecer. Como ejecutores de la misión, no podemos caer en las prácticas inquisidoras y castrantes que tuvieron los antiguos conquistadores españoles en Latinoamérica y el Caribe. No podemos olvidar que los esfuerzos de los conquistadores partían por la cristianización de los nativos. Hoy sabemos a través de la historia que lo que llevó a los colonialistas era tomar provecho de las tierras y no necesariamente beneficiarles con el amor de Dios. Lastimosamente, en mi Puerto Rico, hoy no quedan indígenas taínos por que fueron exterminados por la opresión del gobierno español de aquella época en una aparente agenda evangelizadora.

Me atrevo a pronosticar que tu agenda no es la exterminación de los locales. Sin embargo, en ocasiones, cuando llegamos a un lugar a hacer misión, pensamos que nosotros sabemos más que todos ellos. Lastimosamente, esto es como exterminar la fe. «*En toda actividad humana y de la creación Dios está activo, no solo presente, sino activo. No hay espacio territorial o espiritual donde Dios no esté activo*[10]». Debemos procurar ver a los nativos como aliados nuestros en cómo establecemos la evangelización.

Cuando leemos la manera en que Pablo desarrolló su ministerio con los gentiles, podemos ver su sensibilidad para notar en todo momento cómo Dios se mostraba a través de signos en su cultura. En una ocasión caminaba por la capital griega y se conmovió al ver la idolatría de todo el pueblo. No les recriminó, ni les insultó, sino que se unió en diálogo con los epicúreos y los estoicos acerca de sus ideas.

Al llegar a Atenas, se detuvo y habló así : «*¡Ciudadanos atenienses! Observo que ustedes son sumamente religiosos en todo lo que hacen. Al pasar y fijarme en sus lugares sagrados, encontré incluso un altar con esta inscripción: A un* DIOS DESCONOCIDO. *Pues bien, eso que ustedes adoran como algo desco-*

10 - Carlos Cardoza Orlandi y Justo González, *Una iglesia desafiada por la misión del evangelio*, Bayamón, Puerto Rico, 2011, p. 19.

nocido es lo que yo les anuncio». (Hechos 17:22b-23).

Podemos notar que observó las señales de la cultura griega que presentaban el carácter de Dios trabajando en ellos y de allí partió su predicación. No les impuso su fe ni les rechazó. Solamente conversó y se relacionó con ellos.

Hoy estamos convocados a unirnos con los nativos como aliados, entendiendo que ellos son personas, y no como sus patrones, poniéndolos en posición de «pieza de conquista». Convertirlos solo en nuestros aprendices puede repetir nuestros modelos eclesiales locales reduciendo la gran responsabilidad de acompañar y dar a conocer a Dios a las nuevas generaciones.

Necesitamos levantarnos de donde nos encontramos para proponer un ministerio que logre bendecir al mundo con entrega y pasión. Dios nos llama en este tiempo a buscar aliados que permitan que la misión pueda ser alcanzada con efectividad. Sabemos que no es fácil trabajar en conjunto con otros, pero.... ¿quién dijo que la misión era sencilla? Cada una de estas cosas nos dirigen a la posibilidad de dejar una huella positiva en donde vayamos a impactar. Debemos pensar de antemano cómo nos recordarán cuando ya no estemos allí. ¿Qué saltará a la memoria de esas comunidades cuando no estemos presentes? ¿Cómo recibirán a los que nos sucedan? Estas preguntas nos ayudan a programarnos para un ministerio efectivo y pertinente al llamado de Dios. ¡Sigamos adelante! La aventura todavía no empieza. Ya pronto embarcamos el proyecto. Sigue leyendo que ahora examinaremos qué cosas, en lo personal, debemos considerar para seguir en la misión.

CAPÍTULO 6

«Debemos ser pescadores de hombres, no guardianes del acuario».

Mike Fracen

Sin duda alguna hay muchos elementos a sumar cuando quieres construir una casa. Primero piensas en distintos lugares donde puedes emprender la obra, luego en quién puede llevarla adelante, después en los materiales con los que puedes construirla, posteriormente en diferentes maneras para optimizar el tiempo de construcción y, por último, esbozas en tu mente todos los detalles relacionados con la decoración según las texturas, diseños, colores, etc. Todo con el fin de que llegue a ser lo que siempre soñaste.

Así mismo, cualquier esfuerzo que hagas para construir la casa que sueñas no puede prescindir del fundamento, cualquier ingeniero asentiría que debe ser lo primero en colocarse. La tarea misionera es la gran obra de Dios entre los pueblos de la tierra, y es por esto que recurrimos siempre a la Biblia para extraer de ella fundamentos que nos marquen directrices, como también para descubrir las actitudes que debemos cultivar en nuestros corazones para llevar adelante semejante emprendimiento.

En relación a estos fundamentos pensarías que todos aquellos que se han embarcado en la tarea misionera cuentan o por lo menos saben acerca de ellos, pero lamentablemente no es así, muchos creen que con solo saber que Dios los quiere enviar es suficiente. Por esta razón es que abordaré tres consignas de las cuales se habla muy poco y que considero necesario que conozcamos si es que deseamos entrar en la cancha de llevar adelante el plan maestro de Dios.

Vulnerabilidad

«Así que fueron de prisa y encontraron a María y a José, y al niño que estaba acostado en el pesebre». (Lucas 2:16)

Nunca imaginé lo que estábamos a punto de vivir como familia a nuestra llegada al país en donde serviríamos como misioneros. Creíamos que encontrar una casa lista para alquilar sería bastante sencillo. Pensábamos que si teníamos el dinero y habían arrendadores, solo era cuestión de buscar un lugar para cerrar el trato. Lo que desconocíamos era la escalada de precios que había tenido el mercado inmobiliario desde nuestra última visita y de todo el sistema legal que envolvía el ámbito con un complejo régimen de garantías, de las cuales nosotros, una familia extranjera, no teníamos ninguna. Esto nos llevaría a tener que vivir en un cuarto, muy, pero muy pequeño, durante nuestros primeros seis meses de vida en el país. Nuestra hija, quien entonces apenas tenía dos años, pensaba que siempre nos manteníamos de viaje, ya que nuestras cosas no las podíamos sacar de las maletas, pero el asunto es que, en aquel diminuto espacio, eran nuestras cosas dentro de las valijas o nosotros fuera de la vivienda. Así que, sin buscarlo ni quererlo, tuvimos que aprender a vivir en el campo de las cosas no resueltas y, en medio de nuestra incomodidad, tendríamos que proveernos estabilidad como familia, recordándonos siempre que habíamos llegado para servir. Deberíamos entonces mostrarnos como éramos y también tal cual teníamos, aunque esto fuera poco.

Al principio era fácil caer en la tentación de entristecernos porque las cosas no eran como las habíamos imaginado. Mi esposa me cuenta que cada vez que escuchaba un avión cerca de casa, sentía ganas de regresar. Seguramente has experimentado ese sentimiento de frustración cuando quisieras cambiar algo, pero te ves imposibilitado a hacerlo. Eso era lo que sentíamos cada día sin excepción.

Corrían los meses y siempre saltaba a nuestra vista lo que no teníamos a nuestra disposición, cosas que tienen que ver con saber ciertos detalles del país y que nos hacían sentir muy desorientados, así como también cosas en el ámbito de lo material, como una mejor casa, un auto o un mejor presupuesto para hacer ministerio. Así que nuestro primer año fue como una espiral descendente, ya que cada vez que avanzábamos en el camino, se presentaban nuevas necesidades y desafíos con los que no contábamos.

Desde ese escenario comenzamos a conocer muchas personas nuevas por las oportunidades que nos brindaba el no tenerlo todo resuelto, alguien que nos ayudaría a buscar un mejor lugar donde vivir, alguien que nos llevaría en su auto una noche fría de invierno (ya que en nuestra bicicleta era casi un suicidio familiar hacerlo), alguien que nos llevaría a la clínica la primera vez que nuestra hija enfermó, alguna persona, que sin cobrarnos, diseñaría algún material para algunos de los eventos que comenzábamos a organizar. Te podría contar muchos casos en los cuales las personas involucradas fueron, sin darnos cuenta, sumándose a nuestra vida y ministerio en el país, aunque en el proceso descubrimos algo en el interior de nuestros corazones y el de ellos, algo que tenía que ver con las distintas perspectivas de la vulnerabilidad.

Nos dimos cuenta de que, aunque no nos gustaba ser vulnerables, las personas a quienes deseábamos servir apreciaban aquello. Llegamos a sentir que vivir de esa manera nos conectaba más con ellos y nos hacía más cercanos, más reales. Por un lado, la idea de vivir en vulnerabilidad no era algo con lo que nos sintiéramos cómodos o que hubiéramos presupuestado para nuestro servicio. Aunque al mismo tiempo percibíamos más empatía hacia nosotros de la gente a quienes les servíamos, desarrollando una conexión más cercana hacia nosotros, ya que podían percibir que no deseábamos ser el centro de atención sino que, aun desde una posición que en ocasiones no nos era favorable, deseábamos ser parte de sus vidas.

Llegamos a sentir que vivir de esa manera nos conectaba más con ellos y nos hacía más cercanos, más reales.

Siguiendo esta línea, creo firmemente que en algún momento la iglesia perdió el foco en esta área y comenzó a pregonar de manera implícita que para hacer vida y ministerio debemos tener todo resuelto, que debemos presentarnos a la sociedad como poseedores absolutos de la sabiduría, contando siempre con los mejores recursos humanos y materiales si queremos «alcanzar a los perdidos». Vamos por el mundo tratando de conquistarlo con nuestros mejores efectos especiales sin percibir que en nuestros corazones existe la riqueza de mostrar nuestra vulnerabilidad, ya que, cuando lo hacemos, las personas pueden sentirse identificadas, pues ven como mirando a un espejo sus luchas, sus temores, sus carencias y, resumiéndolo en dos palabras, su humanidad.

Por muchos años la iglesia en América Latina pensó que no podíamos hacer misiones porque la idea de «misionero» que estaba incrustada en nuestra mente era la de aquellos que vinieron y nos trajeron un evangelio con todo resuelto en prácticamente todos los términos. Creíamos que si no podíamos enviar obreros en esas magnificas condiciones a alguien, era mejor no enviarlo.

Lo cierto es que, aunque no pretendo hacer una teología de la mediocridad (ya que un misionero debe salir al campo con el presupuesto que necesita, y las condiciones básicas resueltas), tampoco deseo animar la falacia de que los obreros latinos llegaremos a tener grandes presupuestos desde nuestro comienzo en el campo, teniendo así absolutamente todo lo que creamos necesitar. No podemos seguir mirando las necesidades solo como obstáculos, sino más bien como oportunidades que también Dios puede utilizar para conectarnos mejor con aquellos que deseamos servir, volviéndonos así una carta abierta aún más fácil de leer por ellos.

Por último quisiera recordarte cómo la salvación vino al mundo envuelta en pañales y vistiendo un traje que por sí mismo le supondría necesidades nunca antes sentidas por el Hijo de Dios. Tendría que ser alimentado por su madre, debería aprender a caminar no sin antes gatear, luego correría jugando junto a otros niños por las empolvadas calles del sitio más pobre del imperio romano, después trabajaría muchos años en una mesa de carpintería para ganarse su pan junto a su padre. Al cabo de ese tiempo leería a sus compatriotas:

«*El Espíritu del Señor omnipotente está sobre mí, por cuanto me ha ungido para anunciar buenas nuevas a los pobres. Me ha enviado a sanar los corazones heridos, a proclamar libera-*

ción a los cautivos y libertad a los prisioneros, a pregonar el año del favor del Señor». (Isaías 61:1-2)

Y les diría que esa palabra se cumplía frente a sus ojos, ya que caminaría sanando, liberando y dando esperanza a miles mostrando lo divino envuelto en lo humano, ese Emmanuel (Dios con nosotros) que pondría su vida en un sacrificio que conquistaría nuestro corazón.

Aprendamos del Hijo del Hombre, centremos nuestra vista en lo que hizo en servicio a nosotros y luchemos con fuerza por no quedar atrapados en estructuras que nos impiden aprender que la vulnerabilidad también es un puente para tocar vidas.

Anonimato

Grandes afiches llenan nuestras librerías evangélicas, cada vez más se abarrotan nuestros mails con comunicados de prensa, algunos de ellos exagerados, de ministros que van por el mundo contándonos a todos las supuestas proezas que acaban de realizar. Sin duda alguna el anonimato no es algo que esté en boga o que marque tendencia en nuestra iglesia actual. A nadie le gusta ser desconocido, ser el segundo o mucho menos el último. Parece que todo es válido con tal de quedar estampado en la retina de multitudes al ser seguido por los reflectores de la plataforma.

En el marco de esta agitación que la iglesia vive, hasta añejas puede sonar las palabras de aquel Juan el Bautista quien exclamara:

«A él le toca crecer, y a mí menguar». (Juan 3:30)

El Bautista consideró una necesidad menguar con el propósito de que el Hijo de Dios fuera dado a conocer, entendiendo que su momento de predicaciones multitudinarias estaba llegando a su ocaso y comenzando así un viaje sin vuelta de hoja al anonimato.

Lo más triste del tiempo en que vive la iglesia es que tenemos una generación levantándose que ha crecido absorbiendo la idea de que servir a Dios en las naciones se logra solamente con grandes multitudes, viajes, afiches y hoteles. Incluso se toma como algo espiritual rogar a Dios para que el propósito de la vida se parezca al de las «estrellas» evangélicas, y no precisamente porque anhelen sus cualidades, sino por el simple deseo de estar frente a estadios repletos de gente, logrando con esto perder de vista que es muy probable que Jesús los necesite en otro sitio distinto al que su trémula imaginación los lleva, aunque esto les pueda hacer llegar directamente, como una canasta de tres puntos, al anonimato evangélico.

«*Un ángel del Señor le dijo a Felipe: "Ponte en marcha hacia el sur, por el camino del desierto que baja de Jerusalén a Gaza"*». (Hechos 8:26)

Espero que recuerdes la historia de Felipe, aquel diácono de la recién comenzada iglesia en Jerusalén, y de cómo este anunció las buenas noticias para un etíope que volvía en su carro del templo de Jerusalén, ya que había ido para adorar. Felipe escuchó la voluntad de Dios a través de un ángel para que se dirigiera rápidamente hasta un camino poco utilizado, hacia el sur, bajando de Jerusalén hacia Gaza, un camino desértico, donde aparentemente no había nada ni nadie; solo que en esta ocasión sí estaba aquel etíope urgido de comprender los misterios de Dios y encontrar en su Palabra la verdadera esperanza.

Firmemente pienso que tenemos apremio de servir a la oveja perdida, pero nos enfrentamos al desafío de que hay muchos que hoy solo quieren servir a las 99. Un factor que implícitamente nos detiene para hacerlo es que tal vez esto podría sacarnos del «ambiente», de esa estación donde «con suerte» podríamos despegar y volvernos conocidos. Hoy tenemos un mundo que reclama nuestra presencia, que está por fuera de nuestro «ambiente evangélico» y que, como el etíope o la oveja perdida, necesita que vayamos por él aunque tengamos que dejar nuestro aprisco y debamos embarcarnos en la odisea de buscarle por los caminos más desconocidos para la iglesia.

Cada día miles, en las regiones más perdidas de la tierra, van a una eternidad sin Cristo por falta de pastores que, sin importarles que su servicio sea conocido por Dios, por la iglesia que los envía o por aquellos pocos o muchos a quienes están arrebatando del fuego, sean enviados a brillar hasta ellos. «*¿Y quién predicará sin ser enviado?* Así está escrito: "*¡Qué hermoso es recibir al mensajero que trae buenas nuevas!*" (Romanos 10:15)

Riesgo

«*La tierra era un caos total, las tinieblas cubrían el abismo, y el Espíritu de Dios iba y venía sobre la superficie de las aguas*». (Génesis 1:2)

Responder al llamado de Dios es abandonarse plenamente en confianza al cuidado que Él tenga sobre nosotros. En Lucas 22:42 vemos que Jesús estaba en profunda angustia antes de emprender el momento más importante de la misión a la que había venido al mundo. En su oración dice: «Padre, si quieres no me hagas beber este trago amargo; pero no se cumpla mi voluntad sino la tuya». El mismo Verbo encarnado, la Palabra de Dios hecha carne, no sintió «paz» en ese momento, pero no claudicó en la misión. Notamos que la ansiedad nos visita en momentos en que estamos respondiendo a la convocatoria que Dios nos hace en su Palabra. Dios ya ha puesto en su Palabra la encomienda de salir a predicar. Nos toca responder y obedecer.

ELIEZER

¡Si quieres estar seguro, quédate en tu casa! Fueron las duras palabras de aquel misionero que escuché en una conferencia –un hombre entrado en años y con varias duras experiencias encima– en donde animaba a un reducido grupo de jóvenes a tomar una decisión por el servicio a otros. Sus palabras me contrastaban en el corazón con viejos consejos que había escuchado mientras crecía en la iglesia, esos que rezaban más o menos así: «si es seguro hazlo», «si sientes la completa paz y seguridad de Dios, entonces y solamente entonces... da el paso de fe».

A simple vista esto puede parecer muy espiritual y piadoso, pero lo cierto es que con estas palabras hemos disfrazado el temor y la falta de compromiso, entre otras muchas cosas, para asumir las responsabilidades que tenemos como iglesia que tiene el mandato sobre sí de llevar el avance del reino de Dios entre las naciones. Digo esto porque muchas veces estas palabras nos hacen suponer que hasta que sintamos una paz abismalmente etérea y el camino se comience a allanar libre de riesgos, entonces podemos tomar decisiones aun a sabiendas de que son bíblicamente correctas. Dios nunca prometió para quienes tomen la posta de llevar el evangelio una senda donde no habrían riesgos de todo tipo. Mira lo escrito por el apóstol Pablo en su carta a los corintios:

«*¿Son servidores de Cristo? ¡Qué locura! Yo lo soy más que ellos. He trabajado más arduamente, he sido encarcelado más veces, he recibido los azotes más severos, he estado en peligro de muerte repetidas veces. Cinco veces recibí de los judíos los treinta y nueve azotes. Tres veces me golpearon con varas, una vez me apedrearon, tres veces naufragué, y pasé un día y una noche como náufrago en alta mar. Mi vida ha sido un continuo ir y venir de un sitio a otro; en peligros de ríos, peligros de bandidos, peligros de parte de mis compatriotas, peligros a manos de los gentiles, peligros en la ciudad, peligros en el campo, peligros en el mar y peligros de parte de falsos hermanos. He pasado muchos trabajos y fatigas, y muchas veces me he quedado sin dormir; he sufrido hambre y sed, y muchas veces me he quedado en ayunas; he sufrido* *frío y desnudez. Y como si fuera poco, cada día pesa sobre mí la preocupación por todas las iglesias».* (2 Corintios 11:23-28)

Como leerás, para Pablo el servicio a Dios no fue un lecho de rosas. Pero de lo que sí podemos estar seguros es de que su palabra nos deja claro en repetidas ocasiones, al punto de que no se podría asomar ninguna duda a nuestro corazón, que su presencia nunca nos dejará, aunque estemos en el mismo ojo de la tormenta.

Los campos misioneros urbanos y transculturales tienen riesgos que aun con toda la pericia y el debido sano proceso del trabajo en conjunto de las iglesias y agencias misioneras de envío y de campo, nunca se podrán tener todos del todo controlados. Algunos riesgos de los que te puedo mencionar con los que batallan los misioneros y paralizan a muchos de serlo son:

El riesgo a fracasar

Nadie deja todo pensando en que al llegar a su punto de misión sus expectativas se van a frustrar o que aquellos sueños que albergaba su alma antes de viajar van a irse desvaneciendo en el transcurso de su servicio. Sueños que tienen que ver con hacer una buena adaptación cultural, con encajar a la perfección con un equipo de trabajo, lograr al cabo del tiempo los primeros frutos (o mejor dicho, los primeros discípulos) y que estos a su vez comiencen a reproducirse de manera efectiva.

No tengas miedo a fracasar en su obra, puesto que el amor de Dios para nuestras vidas no se mide en resultados.

Cada persona con llamado guarda para sí estas y otras metas, pero el pensar que esto puede no llegar a ocurrir es un motivo que obstaculiza a muchos de salir de su casa.

Dios ha dispuesto su amor eterno para cada uno de nosotros, estemos o no involucrados en la misión como obreros, y nada de lo que hagamos puede cambiar la hermosa realidad de que

somos aceptados en su hijo y que aun ni nuestros más rotundos fracasos, que no siempre lo son, pero que según nuestra formación los podemos percibir como tales, pueden distanciarnos de su amor y aceptación.
Recuerda lo escrito en el libro de los Efesios en cuanto a esto:

«*En amor nos predestinó para ser adoptados como hijos suyos por medio de Jesucristo, según el buen propósito de su voluntad, para alabanza de su gloriosa gracia, que nos concedió en su Amado*». (Efesios 1:4-6)

Así que no tengas miedo a fracasar en su obra, puesto que el amor de Dios para nuestras vidas no se mide en resultados, ya que, si así lo fuera, nunca nos habría amado. Te animo a escribir a fuego esta consigna sobre tu corazón: «Soy su hijo, me ama y siempre lo hará, porque soy completamente acepto».

Riesgo a perder la vida

Vivimos en un mundo cada vez más hostil hacia los hijos de Dios y en especial al avance de su Reino. Las fuerzas de las tinieblas se fortalecen y sus puertas se vuelven murallas para no dejar salir a quienes están dentro de sus territorios. Piensa que hay lugares donde por milenios la luz de Cristo ha llegado con muy poca fuerza, no porque Cristo lo quiera, sino porque sus hijos hemos tratado muy escasamente de llevar las buenas noticias hasta estos sitios. ¿Cómo crees que reaccione Satanás, cuando entiende que los hijos de Dios están llegando hasta sus puertas? Seguramente no tendrá una alfombrita de bienvenida que diga: «welcome». Por esta razón es que hay tantos disturbios, persecución a la vida de los misioneros y de los creyentes locales. Hoy vemos como nunca antes que miles de fieles cristianos al año caen abatidos de las maneras más violentas.

Pero aun esto no nos debe detener, así como no detuvo a los primeros creyentes, quienes sufrieron de las maneras más brutales por muchos años en las arenas del imperio romano, y su fe nunca dejó de crecer, su amor de unos por los otros se fortaleció y entendieron que aun dar sus vidas por el nombre de Cristo constituía un verdadero honor. Esta clase de fe valió más que el oro, ya que aun con todos los riesgos, nunca se detuvieron en su tarea de testificar de Jesús a otros, y siempre llenos de valor, este puñado de sus hijos hizo tambalear el mismo imperio romano que luego sería cristiano.

Esto no depone que debamos sanamente realizar el debido proceso con todas las palancas que Dios utiliza (como las agencias misioneras, las cuales con mucha experiencia, pueden facilitar que sirvas por muchos años sea donde sea que él te esté llamando. Lo que debe quedarnos también claro es que en el camino puedes encontrarte con el sufrimiento propio o de quienes sirves, pero esto jamás deberá paralizarte, ya que somos fruto directo de quienes nunca fueron detenidos por esto.

Por último, anota en tu corazón que servimos al único Dios y que darlo a conocer en lo urbano de nuestras ciudades latinoamericanas o los parajes más remotos transculturales, implicará siempre buscar las actitudes correctas y enfrascarse en el campo de batalla. Esto podría traer consigo muchos riesgos, pero, a pesar de estos, debemos creer que nuestro capitán, el Señor Jesucristo, nunca nos abandonará. Él es más grande y poderoso que las mismas fauces del infierno.

CAPÍTULO 7

«El evangelio es una buena noticia solamente si llega allí a tiempo»

Carl F. H. Henry

En la actualidad existe una gran preocupación dentro de las iglesias y/o ministerios cristianos ante las dificultades que presentan los jóvenes de hoy por la urgencia de llevar el mensaje de salvación a otras vidas y alcanzarlos en Cristo. Existe un deseo genuino en muchos jóvenes como tú en predicar y animarles a crecer en la fe. Sin embargo, muchas veces nos encontramos con la triste realidad de un decrecimiento a nivel general de la iglesia, tanto numérico como anímico, y por ende, de la vocación a participar de la gran comisión. Debemos reflexionar sobre qué cosas estamos haciendo por esto y qué debemos reestructurar para ser mas efectivos en el momento de lanzarnos a realizar esta tarea. Dan Kimball dice:

«*Tenemos que percatarnos que en nuestra cultura emergente, ahora estamos en una cultura diferente y necesitamos verla como y a las personas como un misionero pudiera. Los cristianos están en una cultura poscristiana y debemos despertarnos a esa realidad si no lo hemos hecho*[11]».

En lo personal, he visto un deseo ferviente en muchos ministerios cristianos de este tiempo de responder al llamado de predicar el evangelio. La pasión de esta generación por dar a conocer el amor de Dios es maravillosa. Sabemos que Dios nos está inquietando a salir a llevar su Palabra, y para salir confiadamente a cumplir la gran comisión que nos ha sido encomendada, debemos prepararnos y educarnos sobre este particular. Es importante enfatizar que para ser «efectivos» no existe ninguna estrategia absoluta, ya que cada una de estas responden a diferentes escenarios sociales que en la mayoría de las veces no se repiten en nuestra sociedad. Sin embargo, hay unas características generales que nos deben acompañar en el momento de la acción.

¿Qué es evangelismo?

Es muy importante entender qué es aquello en lo cual nos vamos a desenvolver. Hay veces en que nos movemos para realizar una gestión dentro de la vida de la iglesia o del ministerio

11 - Dan Kimball. *They like Jesus but not the Church: Insights from Emerging Generations* [Jesús los convence, pero la iglesia no], Zondervan, Grand Rapids, MI, 2007, p. 30. [traducción autor]

y no comprendemos su importancia. La definición básica de evangelismo es «*llevar las buenas nuevas*». Esto quiere decir que es traer buenas noticias. Por lo tanto, debemos entender que la actitud con la cual llevamos una buena noticia es muy importante. Por ejemplo: cuando anunciamos que nuestro equipo gana un campeonato lo hacemos eufóricamente, y posiblemente hasta revivamos la emoción del partido cuando lo contemos a otra persona. Nunca voy a olvidar el día que una beldad boricua llamada Denise Quiñones ganó la corona de Miss Universo. Ese año el concurso se celebraba en Puerto Rico. La cobertura mediática era descomunal. La emoción fue tal que la gente se lanzó a las calles en celebración de tal acontecimiento. Recuerdo personas desconocidas que me invitaban a celebrar con ellos en los cafés, barras y centros de diversión. Era simplemente un ambiente festivo que invitaba a todos a compartir la buena noticia. Me pregunto si cuando anunciamos el evangelio lo hacemos emocionados por la noticia y si, a su vez, celebramos lo que significa. Es decir, el proclamar el evangelio debe estar acompañado de celebración por lo que Jesús hizo por nosotros al darnos vida eterna.

Existen otras definiciones más amplias que se han dado acerca de lo que es evangelismo. El Pacto de Lausana de 1974[12] concluyó de la siguiente forma: «*Evangelizar es presentar a Jesucristo en el poder del Espíritu Santo, para que las gentes pongan su confianza en Dios a través de Él como su Rey en la comunión de su iglesia*». Otra definición útil de lo que es evangelismo es aquella del Departamento de Evangelismo de la Iglesia Presbiteriana en los E.E.U.U.: «*Evangelismo es compartir gozosamente las buenas nuevas del soberano amor de Dios y llamar a las gentes al arrepentimiento, a la fe personal en Jesucristo como Salvador y Señor, a una membresía activa en la Iglesia y un servicio obediente en el mundo*». Por lo tanto, cuando hablamos de evangelismo, tenemos a Jesucristo como el fundamento central del mensaje.

La importancia de la evangelización

El evangelio tiene sus características y, por consiguiente, ob-

12 - El Pacto de Lausana es una iniciativa que se hizo en el 1974 convocada por Billy Graham para evangelizar en el mundo.

jetivos. El apóstol Pablo los individualiza en tres: «*porque el reino de Dios no es cuestión de comidas o bebidas sino de justicia, paz y alegría en el Espíritu Santo*» (Romanos 14:17). Es decir, el reino de Dios tiene unas garantías que debemos entender al momento de evangelizar. Es importante comprender que al hablar de la justicia lidiaremos con injusticias en los diversos escenarios que veamos, al hablar de paz, veremos conflictos de guerra y discordia en la sociedad y, por último, al hablar de alegría, nos enfrentaremos con situaciones dolorosas y hasta incomprensibles. Es por eso que debemos entender la importancia del mensaje de salvación que se resume en vida eterna.

En el libro de Isaías vemos un ejemplo de lo que hemos dicho: «*El Espíritu de Jehová el Señor está sobre mí, porque me ungió Jehová; me ha enviado a predicar buenas nuevas a los abatidos, a vendar a los quebrantados de corazón, a publicar libertad a los cautivos, y a los presos apertura de cárcel; a proclamar el año de la buena voluntad de Jehová, y el día de venganza del Dios nuestro; a consolar a todos los enlutados; a ordenar que los afligidos de Sion se les dé gloria en lugar de ceniza, óleo de gozo en lugar de luto, manto de alegría en lugar del espíritu angustiado; y serán llamados árboles de justicia, plantío de Jehová para gloria suya*» (Isaías 61:1-3 RVR 1960). La importancia de la evangelización descansa en la esperanza que es brindada al mundo a través de la persona de Jesucristo y lo que hizo en la cruz del calvario.

Es hermoso ver que Jesús no ofrece condenación al mundo, sino salvación y vida eternal con él.

Es necesario ver lo que dice Juan en su libro: «*Porque tanto amó Dios al mundo, que dio a su Hijo unigénito, para que todo él que cree en él, no se pierda, sino que tenga vida eterna. Dios no envió a su Hijo al mundo para condenar al mundo, sino para salvarlo por medio de él*» (Juan 3: 16-17). Es hermoso ver que Jesús no ofrece condenación al mundo, sino salvación y vida eternal con él. Es decir, la evangelización tiene como objetivo que la gente sepa que hay vida eterna al reconocer a Jesús como señor y que, por consiguiente, no existe condenación para quienes están con él. Examinando todo lo anterior podemos deducir que existe una urgencia para evangelizar, ya que muchas personas viven abatidas, quebrantadas, heridas, presas, enlutadas, afligidas y atemorizadas. Es decir, evangelizar es una necesidad en la vida del creyente que ve personas en sufrimiento.

La responsabilidad de la evangelización

Ya que hemos visto que debemos evangelizar, es también importante entender que esta acción es un llamado de Dios para toda la humanidad y no para algunas personas. Esto quiere decir que todos hemos sido llamados a ser evangelistas. Cuando reflexionamos sobre lo que Jesús dijo acerca de este tema y de su ministerio, vemos que es una orden que conlleva responsabilidad y que no es dicha exclusivamente a los discípulos. Nos convoca a todos para ir a todas las naciones. Es aquí que entendemos que nosotros también estamos incluidos en esta encomienda.

En su evangelio Mateo lo dijo de la siguiente forma: «*Por tanto, vayan y hagan discípulos de todas las naciones, bautizándolos en el nombre del Padre y del Hijo y del Espíritu Santo, enseñándoles a obedecer todo lo que les he mandado a ustedes. Y les aseguro que estaré con ustedes siempre, hasta el fin del mundo*» (Mateo 28:19-20). Aquí vemos que la gestión evangelizadora debe estar acompañada de un proceso y plan de discipulado, de lo contrario estaría incompleta. Es decir, evangelizar sin la animosidad de discipular, sería una irresponsabilidad. El proyecto misionero involucra que haya un serio proceso de discipulado. David Ruiz dijo:

> Al volver a la Palabra nos damos cuenta de que la descripción de una iglesia fuerte ser refiere a aquella que produce discípulos, no asistentes a un programa de discipulado, sino cristianos verdaderamente incondicionales al Señor a través de todo lo que manda su Palabra.

> Cristianos que están dispuestos a ser lo que el Señor quiere que sean, a hacer lo que el Señor quiere que hagan y a ir a donde el Señor quiere que vayan[13].

En ese caso, tenemos que tomarnos el tiempo de identificar cómo, en efecto, podemos forjar que el proceso evangelizador contenga un plan que aborde la proclamación, la formación y la transformación. Lastimosamente, en muchas ocasiones solemos creer que la evangelización es solamente un aspecto único de brindar información acerca de Cristo. Si ciertamente eso debe ser considerado, el compromiso por velar que la palabra germine también es ineludible.

Esteban González Doble reflexiona y nos desafía sobre las maneras de hacer misión evangelizadora con las palabras que encontramos en Mateo. Lo plantea de la siguiente manera: La misión de evangelización es:

1. **Inclusiva**—«todas las naciones».
2. **Transformadora**—«hagan discípulos».
3. **Trinitaria**—«bautizándolas en el nombre del Padre, y del Hijo y del Espíritu Santo».
4. **Testimonial**—«enséñándoles a obedecer».
5. **Esperanzadora**—«estaré con ustedes siempre, hasta el fin del mundo».

Nuestra gestión debe incluir a todo el mundo con el objetivo de que estos sean transformados a través del amor de Dios, de la gracia de Jesús como redentor y de la comunión con Dios por medio del Espíritu Santo. Además, debe causar en los «*evangelizados*» que testifiquen a otros de tal forma que se proclame la esperanza y vida que hay en Cristo. Es decir, no hay tal cosa como evangelizar solo a unas personas específicas. El llamado de Dios es a todo el mundo y para llegar a todo el mundo. Todos hemos sido llamados a ser evangelistas y no debemos negarnos a este llamado.

13 - David Ruiz, *La Transformación De La Iglesia*, COMIBAM Internacional, Colombia, 2006.

Excusas e impedimentos a la hora de evangelizar

Hay necesidad de evangelizar, esto ya está claro. Sin embargo, muchas veces encontramos obstáculos al momento de ejercer un plan evangelístico y surgen excusas que son impedimentos. Eugenio Train[14], misionero norteamericano en Camiri, Bolivia, por las Iglesias Cristianas Evangélicas, establece algunos impedimentos que tienen las personas al momento de evangelizar:

1. **Ignorancia**—No sabemos cómo, no tenemos ningún método para presentar el evangelio. No nos hemos preocupado por aprender.
2. **Miedo**—Nos asusta intentar hablarle a una persona. Miedo de que nos pregunten algo que no podamos contestar. Pensamos que se van a enojar las personas a quienes les hablemos.
3. **Indiferencia**—Hay cristianos a quienes no les importa el asunto.
4. **Mala experiencia**—Algún fanático que quería forzar una decisión nos impide simpatizar con la acción de testificar.

Tenemos que vencer todo tipo de obstáculo mental al momento de hacer evangelismo. Ni la ignorancia, el miedo, ni mucho menos la indiferencia, nos deben coartar de hacer la misión. Si en alguna manera seguimos luchando con todas estas cosas, creo que es una buena oportunidad para poner nuestros temores ante Dios y buscar un buen tiempo de orientación para que podamos elaborar una base sólida en lo que compartamos el evangelio. A fin de cuentas, ese es el propósito por el cual hacemos misión.

14 - http://www.geocities.ws/oardaya/eperso.htm

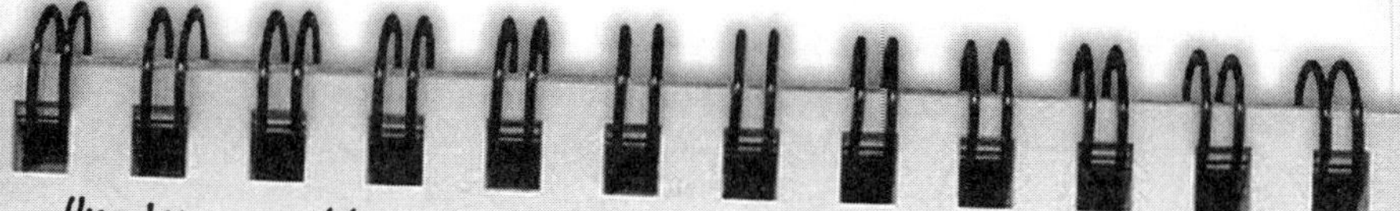

Una buena noticia que compartir

Hace ya varios años, siendo mucho más jóven, mi hermana me llamó para que cuidara su joyería, ya que ese día había tenido un imprevisto. Recuerdo que recien acaba de abrir el negocio y comenzaba a familiarizarme un poco con las piezas. De pronto entró apresuradamente una señora de tez morena quien me dijó lo que buscaba alegando que había venido desde otra provincia. Necesitaba un anillo de plata con una gran piedra negra. Me hizo buscar por un gran rato dicho anillo mientras me contaba que al estar en una consulta con su odontóloga, miró que esta usaba la extravagante prenda. Fue tanto lo que le gustó la pieza que ofreció comprársela, pero su dentista no estaba dispuesta a vendérsela, pero en cambio le dio la dirección de la joyería. Mi curiosidad fue en aumento por la razón de su desespero, así que mientras buscaba su anillo le pregunté acerca del porqué tanto interés. Su respuesta fue dura y contundente, ella me respondió: «Porque vivo en luto y quiero un anillo que resalte lo que me pasa». Ante la sorpresa, fui un poco más lejos y le pregunté a qué se debía su dolor. A lo que ella me respondió que el motivo de su luto era porque su hija adolescente había sido asesinada hacía poco tiempo. Creo que no había terminado de escuchar esto por un oído cuando escuchaba por el otro a Dios diciéndome que él era quien nos había citado para que yo le compartiera las buenas noticias. Tuve temor al principio, no sabía que decirle, cómo darle una buena noticia a una madre que perdió de la manera más violenta a su hija. Pensaba si el lugar era el apropiado, me preguntaba si otro cliente iba entrar, tantas excusas. Solo sé que de un momento al otro se abalanzaron unas cuantas palabras que habían trepado desde mi corazón y le dije: «Creo señora que usted vino por eso, pero se puede llevar algo mejor» Le hablé acerca, que Cristo podía consolarla y hacer más llevaderos sus días si le entregaba su corazón. Al finalizar el encuentro, esta mujer había llorado y encontrado a Jesús en una joyería de un centro comercial. Por mi parte fue uno de los días más felices de mi vida. «Esto no está bien. Hoy es un día de buenas noticias, y no las estamos dando a conocer» (2 Reyes 7:9). Recuerda que nunca seremos perfectos, pero tenemos un mensaje que compartir que no debemos callar.

ANDRÉS

La clave de la evangelización

No existe en la historia de la iglesia un mejor evangelista que Jesucristo. En Jesús tenemos el modelo por excelencia para cumplir con nuestra misión. Cuando analizamos la trayectoria del ministerio de Jesús, podemos notar que sus palabras estaban acompañadas de acción en todo lo que emprendía. Me cuesta mucho trabajo creer que Jesús murió en la cruz del calvario por todos los pecadores porque no le quedaba otro remedio. Es decir, el móvil del ministerio de Jesús fue el amor. Es por ello que en Juan podemos leer: «*Por que tanto amó Dios al mundo*»(Juan 3:16a). No podemos evangelizar solo porque es un mandato, eso resultaría un trabajo insensible acerca de las necesidades de las personas. El evangelismo no tiene como base una respuesta por obligación, sino una comprensión de la necesidad de Dios que hay en la humanidad.

Hay una película galardonada como una de las mejores del cine norteamericano que refleja muy bien la actitud que debemos tener al momento de evangelizar. Forrest Gump solía decir lo siguiente: «*Puede que no sea inteligente, pero si sé amar*». Este personaje fílmico nos revela la clave de la evangelización, la cual no descansa en estrategias absolutas, sino en el amor a las vidas.

Steve Sjorgen, Pastor de Vineyard Community Church en Cincinnati, Ohio, dice lo siguiente: *"Las palabras de Forrest contrastan con el pensamiento que prevalece en la iglesia moderna. Desafortunadamente, hemos sido a menudo personas inteligentes que saben poco de amor*[15]*."* Es interesante ver cómo nos concentramos tanto en nuestras propias necesidades y olvidamos la importancia de amar. Debemos mirar el ministerio de Jesús como el modelo por excelencia para hacer la misión del evangelio.

Modelo bíblico de evangelización

En la Biblia hay varios ejemplos de evangelismo. Sin embargo, me concentraré tan solo en un ejemplo que recoge una

15 - Steve Sjogren. «El evangelismo de Forrest Gump». La Viña Materiales. http://reocities.com/WallStreet/bureau/9060/webpag3.htm (accesado, 23 de enero de 2012).

actitud adecuada del evangelista al momento de compartir el evangelio con otra persona.

Felipe y el etíope (Hechos 8: 26-39): Este pasaje presenta la importancia de relacionarnos con aquellos que están a nuestro alrededor no importando su bagaje cultural y no importando las diferencias que puedan existir entre comunidades, religiones, clases sociales, color, etc. Aquí vemos la situación de un hombre que no entiende nada de lo que lee del profeta Isaías, es decir, no entiende mucho de lo que dice la Biblia (y de esos hay muchos cerca de nosotros, sin obviar la realidad de que muchos creyentes tampoco entienden algunos pasajes bíblicos). Al mirar este caso observamos varias cosas:

a. **Hay un llamado a Felipe para acercarse y juntarse al etíope (v. 29)**
b. **Confusión en el etíope (v. 31a)**
c. **Súplica de respuestas para las interrogantes del etíope (v.31 b)**
d. **Se anunció el evangelio de Jesús (v. 35)**
e. **Aprovechamiento de la oportunidad (v. 38)**

Es increíble como este etíope volvía de una «experiencia de adoración» pero necesitaba entender quién era Jesús. Es muy importante entender que el Espíritu Santo le dijo a Felipe que tenía que acercarse y juntarse con éste, así como es muy importante también acercarse a aquel que no conoce a Jesús para poder estar cerca de su dolor y su necesidad. Es decir, hay que caminar con ellos y responder a sus interrogantes proveyendo un espacio de confianza para atender sus preocupaciones. El servicio es muy importante en la evangelización. Nuestro ejemplo es aquello que sazona el mensaje que le brindemos a los perdidos.

Hoy en día existe una gran cantidad de personas que busca entre las ofertas de religiones una experiencia refrescante para su espíritu, pero faltan «Felipes» que puedan responder sus interrogantes. Me parece que la forma en que él manejó esta situación fue magistral, ya que no se limitó a contestarle su preocupación teológica, sino que procedió a llevarlo al origen de su duda y al agua del bautismo y anunciarle el evangelio de Jesús. Felipe no vaciló, no entró en otros asuntos, sino que habló de nuestro Salvador.

En la carta pastoral a Timoteo podemos leer lo siguiente: «*No dejes de recordarles esto. Adviérteles delante de Dios que eviten las discusiones inútiles, pues no sirven nada más que para destruir a los oyentes. Esfuérzate por presentarte a Dios aprobado, como obrero que no tiene de qué avergonzarse y que interpreta rectamente la palabra de verdad. Evita las palabrerías profanas, porque los que se dan a ellas se alejan cada vez más de la vida piadosa*». (2 Timoteo 2:14-16). Tenemos la responsabilidad de asumir el llamado de la evangelización con diligencia y no con negligencia. Nuestra responsabilidad no estriba en discutir quién está bien o no, estriba en expandir el reino de Dios, de lo contrario conduciríamos más a la impiedad, y no debemos hacer más impíos, al contrario, debemos conducir a la piedad.

Por último, Felipe aprovecha la petición del etíope a ser bautizado (v. 38). No estoy diciendo que bauticemos al momento de evangelizar, sino que debemos aprovechar el momento y olvidarnos de las cosas que pueden ser impedimentos al momento de la evangelización, tales como no permitirles que vayan a la iglesia con la vestimenta que usan o por el vocabulario que utilizan. Recordemos que el discipulado es parte de la evangelización y también toma tiempo.

La responsabilidad de la iglesia en el mundo entero es predicar el evangelio a toda persona. Esto no puede ser delegado a unos en particular, ya que todos hemos sido llamados a ello. El Señor nos llama en su Palabra y nos dice de la siguiente forma: «*La cosecha es abundante, pero son pocos los obreros [...] Pídanle, por tanto, al Señor de la cosecha que envíe obreros a su campo*». (Mateo 9:37-38). Hagamos la labor que nos corresponde. Hay una gran noticia que debe ser comunicada y Dios nos ha llamado a todos.

CAPÍTULO 8

«Si no puedes alimentar a cientos de personas, entonces alimenta solo a una»

Madre Teresa de Calcuta

De niño disfrutaba al participar de experiencias de excursiones que hacía con mis compañeros de clase en la escuela. Recuerdo muy bien aquella mañana en la que zarpamos en autobús a visitar una finca llamada «La Hacienda Buena Vista» en el sur de la isla. Esta se ubica en la ciudad de Ponce y quedaba a varias horas de distancia de nuestro colegio. El montarnos juntos, bromear, cantar y compartir por toda la travesía, hacía el viaje divertido. En mi caso, era de los que me sentaba en la parte de atrás con los «panas del corillo[16]». Allí nos la pasábamos haciendo chistes y bromas de cuanta cosa te pudieras imaginar. ¡Era un tiempo extraordinario! ¿Quién no hacía lo mismo? Solamente los padres que nos acompañaban como voluntarios permanecían en silencio en un estado de aburrimiento total.

Recuerdo que al llegar nos organizamos en grupo para participar de varias expediciones organizadas por los guías que nos dirigirían por todo el trayecto. Al ubicarnos, salimos a contemplar la bella naturaleza de este lugar que funcionaba hidroeléctricamente. Es decir, toda su actividad era generada por la fuerza y el movimiento del agua. Caminamos y atravesamos varias cosechas de café, cacao y caña de azúcar y escuchamos las historias de cómo los hacendados habían hecho todo lo que veíamos, era fascinante. Lo más triste del relato fue que habían esclavizado a los negros africanos para ello. Esa era una nota vergonzosa de la historia. Al finalizar el recorrido, tuvimos la oportunidad de adquirir algunos recordatorios de nuestra expedición. Solamente tenía un poco de dinero que mis padres me habían dado para comer, sin embargo, quería traer algo de recuerdo.

Lejos, en un estante, observé unas plantas en bolsas con abono y decidí preguntar de qué eran. La persona encargada me dijo: «Son plantas de café y cacao. Tienen un costo de cincuenta centavos». Recuerdo haber pensado que si las llevaba a mi casa y las sembraba en el patio, sería el hijo «preferido» de casa, pues todos los días mis padres tomaban café. Vino a mi mente la posibilidad de ver todo un sembradío de café en

16 - Expresión costarricense que significa «amigos con los que uno hace travesuras».

nuestro patio y convertirnos en una familia adinerada con el cultivo de lo sembrado. Sin pensarlo dos veces más, le pedí una planta a la encargada de la tienda y la compré. Debías haberla visto. Era un tallo con cinco hojas. La veía con el entusiasmo de ver toda una cosecha grande en mi casa.
Al regresar en el autobús, volví a sentarme con mis amigos en la parte final. Esta vez contábamos las impresiones de la gira, aunque más bien nos hacíamos bromas. De pronto, uno de los padres que nos acompañaban y me preguntó:

–¡Hola Eliezer! ¿Qué es eso que tienes en tu mano?
–Es una planta de café –le contesté.
Él me miró, se sonrió y me dijo:
–¿En cuánto tiempo crees que tendrás café?
De manera muy segura, le dije:
–Como en tres semanas.
Su mirada era de asombro. Me comentó:
–Eliezer, las plantas de café necesitan unas condiciones de suelo, sombra y mantenimiento para que puedan darse. Tres semanas son muy pocas.

Le confieso que me estaba incomodando que este padre, que era del grupo de los aburridos, me dijera que no era posible. Por mi mente pasaba un experimento que habíamos hecho en la clase de ciencia de primer grado donde una semilla de habichuela había crecido dentro de una lata con abono en una semana. De seguro, todas las plantas eran iguales.

Lo peor de todo fue que, después de eso, todos los padres que nos acompañaban fueron uno a uno a preguntarme acerca de mi planta. Me dio tanto coraje que ya no la estaba pasando muy bien. El grupo de padres aburridos ahora se estaba riendo de mí. Se supone que debía ser todo lo contrario.

Al llegar muy tarde ese día a mi casa, no podía esperar a hablar con mis padres de lo que había visto y adquirido en la excursión. Recuerdo ver a mi padre muy entusiasmado con lo que tenía en las manos y me dijo:

–Cuéntame Eliezer. ¿Cómo estuvo todo en la expedición? ¿Qué es eso que tienes?

–Estuvo muy buena. Compré una mata de café.

Su mirada era de alegría y entusiasmo. Se paró de la silla y exclamó:–¡Qué bueno! Vayamos al patio a sembrarla. ¡En cinco años tendremos café!

No podía creerlo. Hasta mi padre se había unido al grupo de los molestosos. Ahora no podría tener café en tres semanas. Recuerdo que lo dejé con las palabras en la boca y salí al patio destinado a sembrar la planta. Cavé un pequeño agujero y eché la planta con todo su abono. Me dirigí a la cocina y busqué dos botellas de dos litros cada una. Las llené hasta el tope y se las eché a la planta. Hice ese ejercicio todos los días por una semana. De seguro le probaría a los demás que mi café saldría de inmediato. Mis padres me dieron todo el espacio para probarles mi punto.

Al cabo de las tres semanas, mi planta esta ahogada entre tanta agua y algún líquido de ácido natural que mi perro «Gugu» le disparaba. Era todo un desastre. Mi sueño de hacendado se había ido al piso. Recuerdo que mi padre habló conmigo más tarde y me dijo: «Si hubieras prestado atención a los consejos que te dieron aquellos adultos y hubiésemos desarrollado juntos las condiciones óptimas para esta planta, hoy estaría viva. Además, no hay necesidad de acelerar el fruto. Con tiempo, empeño, paciencia y dedicación se daría la cosecha. Lamentablemente, ya está muerta la planta. Habrá que esperar y sembrar otra vez, con mayor prudencia».

No podemos esperar resultados inmediatos, necesitamos madurar en el proceso para lograr lo esperado.

Esta historia nos dirige a lo próximo que queremos plantear. Si ciertamente la proclamación del evangelio es el paso fundamental dentro de la evangelización, el discipulado es vital para que pueda germinar el fruto de nuestro trabajo. El compromiso de responder a la misión para sembrar la semilla de la Palabra de Dios, requiere tiempo y esfuerzo. No podemos esperar resultados inmediatos, necesitamos madurar en el proceso para lograr lo esperado. El salmista lo dice de esta manera: «*El que con lágrimas siembra, con regocijo cosecha. El que llorando esparce la semilla, cantando recoge sus gavillas*». (Salmo 126:5-6)

El llamado de participar en la misión también requiere que nos involucremos en el recogido del fruto. Esto tomará tiempo y puede incluir que derramemos unas cuantas lágrimas por el esfuerzo extenso que requiere, pero es el costo que tenemos que pagar como individuos. No podemos pensar que los resultados surgirán de inmediato. Las misiones no podemos clasificarlas en aspectos baratos. Es un precio caro que enfrentamos. Bonhoeffer lo destaca de esta manera: «*La gracia cara es el tesoro oculto en el campo por el que el hombre vende todo lo que tiene; es la perla preciosa por la que el mercader entrega todos sus bienes; es el reino de Cristo por el que el hombre se arranca el ojo que le escandaliza; es la llamada de Jesucristo que hace que el discípulo abandone sus redes y le siga*[17]».

La pregunta entonces es: ¿Hemos comprendido en qué consiste el llamado a hacer discípulos? ¿Estamos dispuestos a tomar tiempo en este fin? No podemos pensar que los viajes cortos con fines misioneros cumplen todo este objetivo. Hay que salir, decir, compartir y asistir por períodos prolongados de tiempo.

La Gran Comisión

Por lo general, cuando nos vemos en el ejercicio de ir al campo, tendemos a basarnos en Mateo 28:19-20. Sin embargo, nuestro enfoque debe estar en qué consiste ello: «*Allí donde identifica la misión como "hacer discípulos", Mateo no tiene en mente añadir nuevos miembros a una "congregación" o "denominación" existente. Ser discípulo no es igual a ser miembro de una "iglesia" local, y "hacer discípulos" no implica una expansión meramente numérica de la iglesia*[18]».

Por eso es importante que, en miras de lo que comprendamos como «discipulado», tengamos un panorama general de la

17 - Dietrich Bonhieffer, *El precio de la gracia: El seguimiento*, Verdad e Imagen, Salamanca, España, 1999, p. 16.
18 - David J. Bosch. *Misión en transformación: Cambios de paradigma en la teología de la misión*, Grand Rapids, Michigan, 2000, p. 111.

Texto	Encomienda	Énfasis
Juan 20:21	«Como el Padre ***me envió a mí, así yo los envío*** a ustedes»	El modelo
Mateo 28:19	«Por tanto, ***vayan y hagan discípulos*** de todas las naciones»	El método
Lucas 24:47	«Y en su nombre ***se predicarán el arrepentimiento y el perdón de pecados*** a todas las naciones»	El mensaje
Hechos 1:8	«Pero cuando venga el Espíritu Santo sobre ustedes, ***recibirán poder y serán mis testigos*** en toda Judea y Samaria y hasta los confines de la tierra»	El medio

misión desde la óptica de Jesús en el Nuevo Testamento. Quiero tomarme un tiempo para diagramar la manera en que se orienta la Gran Comisión en el texto bíblico.

Podemos ver que cada autor nos presenta la manera, el proceso, el contenido y a través de quién debemos cumplir la misión. Me parece importante incluir esto porque el proceso del discipulado al que el evangelio nos convoca, es una misión integral. Es decir, el transcurso del discipulado es amplio y requiere mucha reflexión. Siendo así, no podemos pensar que este solo se desarrollará de una sola manera y solo como probablemente lo hacemos en nuestra localidad. Se debe mirar, en efecto, las necesidades más apremiantes que puedan tener en esos contextos.

La pregunta entonces es: ¿Hemos comprendido en qué consiste el llamado a hacer discípulos? ¿Estamos dispuestos a tomar tiempo en este fin? No podemos pensar que los viajes cortos con fines misioneros cumplan todo este objetivo. Hay que salir, decir, compartir y asistir por largo tiempo.

Como misioneros en nuestro país receptor estoy bastante acostumbrado a recibir, especialmente, grupos de jóvenes que vienen a desarrollar algún tipo de servicio a corto plazo. Algunos de ellos vienen por dos semanas y otros hasta por un año. He podido notar la gran ayuda que son estos esfuerzos cuando están coordinados entre quienes los recibimos (los misioneros a largo plazo) y quienes los envían (iglesias locales, agencias, ministerios) en cuanto a la logística, las tareas a desarrollar y el debido ajuste de expectativas en lo que se pretende lograr. Puedo asegurar que los proyectos a corto plazo en estas condiciones son, en la mayoría de los casos, una gran bendición. Estos pueden ser capaces de dar ciertos empujes apoyando el trabajo a largo plazo en términos de infraestructura, servicios médicos o creación de nuevos contactos para las iglesias locales a través de expresiones artísticas, por ejemplo. También otro aspecto a destacar no menor es lo que ocurre en el corazón de quienes participan en dichas avanzadas. Ellos vuelven a sus países con un latir más preciso de lo que Dios quiere a través de ellos y sus iglesias. Ahora bien, el punto que nos plantea Eliezer en este capítulo es muy válido porque nos confronta a caer en cuenta de lo ilusorio que es delegar el trabajo del discipulado a la dimensión de estos proyectos de corto plazo y nos llama la atención a lo que nos reclama la Palabra en el cuadro completo, el hacer discípulos, proceso que nunca ocurrirá sanamente sin el debido compromiso de las misiones de larga permanencia. Así que el detalle será mirar la misión como un todo, preguntándonos cómo los proyectos de corto plazo pueden enriquecer la tarea discipuladora que se efectúa en el compromiso del largo plazo y no pretender sustituirla.

ANDRÉS

¿Qué es el discipulado?

El discipulado es el tiempo que invertimos en la formación de nuevos creyentes para que alcancen madurez en su fe en Cristo y la provisión del espacio para que crezcan en la fe madura y no en el activismo. Para que lo anterior suceda, debemos comprender que se necesitan de relaciones más que de programas y, si ciertamente podemos considerar materiales que nos asistan en esto, son las relaciones quienes nos permitirán crecer en esta dirección. Discipular es ayudar a los nuevos creyentes a identificar qué clase de personas pueden ser por medio de la formación espiritual. Es comprender que todo es un proceso de acompañamiento. Marvin J. Newell, lo explica de esta manera:

> El hacer discípulos es más que solamente hacer conversos. El evangelismo no está completo cuando una persona simplemente asienta al mensaje del evangelio. Levantar la mano, caminar por el pasillo o hacer la oración de profesión de fe no es la culminación de la tarea de la iglesia. Es solamente el comienzo. Luego que las buenas noticias son compartidas y son recibidas, la misión no se detiene. El evangelismo comienza el proceso en que una persona se torne en un seguidor firme del Salvador a quien ellos creen ahora. Pero esto no es hacer discípulos o discipulado. El discipulado es el proceso cuando creyentes maduros construyen relaciones personales con nuevos creyentes con el propósito de producir seguidores competentes y crecientes de Jesucristo. El proceso se desarrolla por un periodo de tiempo y demanda la base de una relación[19].

Ahora pensemos por un momento que este proceso que estamos sugiriendo está totalmente ubicado en otro país. En otras palabras, que probablemente se da en un ambiente con poca estructura desarrollada. Es un desafío que debemos enfrentar y, más importante aún, es el llamado que Dios nos convocó para hacer. Si en nuestras iglesias el proceso del seguimiento y discipulado está orientado a ganar almas e inmediatamente incorporarlas en el grupo pequeño o celular, no podemos pensar que tal acción o paso es semejante en el campo de las misiones.

19 - Marvin J. Newell, *Commissioned: What Jesus wants you to know as you go* [Comisionado: Lo que Jesús quiere que sepas mientras vas], Saint Charles, IL, 2010, pp. 56-57. [Traducción autor]

Como mencionamos al inicio, el proceso de discipulado requiere que compartamos en intimidad y espacio relacional con quienes han decidido comenzar una nueva vida en Cristo. Nuestro modelaje y testimonio son las bases fundamentales para este proceso. Es probable que podamos utilizar algún buen material disponible, pero es mucho más importante poder marcar con la vida el corazón de esa persona. «*El discipulado es un camino, más que un logro. Cuando hay crecimiento y clasificación entre los discípulos, no hay discípulos graduados. El discipulado es una escuela perpetua que te puede dirigir de un grado a otro pero no gradúa sus alumnos*[20] ».

Por lo tanto, el consagrar nuestra vida en las misiones, requiere que la inversión en la proclamación sea sostenida mayormente por el compromiso de acompañar a las personas en el discipulado. Si no hay interés en discipular, nuestra evangelización será mera información. El llamado de Dios requiere que nos movamos hacia la formación.

Discipulado en la iglesia vs Discipulado en las misiones

Hemos escuchado por la tradición que una buena manera para mirar el proyecto discipular es que las personas pasen por algunos niveles hasta que finalmente puedan ser enviados. Ese modelo puede que sea de la siguiente manera:

Lo que vemos en este proceso es que la meta final en las iglesias es producir discípulos que lleguen donde nosotros estamos: les predicamos, los involucramos en la iglesia, los llevamos a un grupo pequeño, los invitamos a un ministerio y luego los enviamos. Este es un proceso que se hace con el fin de que ellos sean chicos y chicas que alcancen a otros con el amor de Cristo. Afortunadamente, muchos de nosotros hemos servido en el reino de Dios por causa de los esfuerzos efectivos que se hicieron a través de este modelo.

20 - George Peters, *A Biblical Theology of Missions*, The Moody Bible Institute, IL, 1972, p. 212.

En cambio, como hemos dicho, el campo de las misiones es otro cantar. Aquí no necesariamente siempre existe una comunidad de fe. Es probable que en el camino y en el proceso la estemos formando. Por lo tanto, en el proceso del discipulado hay una gran responsabilidad que recae en nosotros más que en otros. Esto quiere decir que debemos tomar en consideración un proceso de discernimiento para establecer cómo producir discípulos maduros. En ese caso, las relaciones que tengamos con las personas son vitales en el esfuerzo de hacer misión antes de desarrollar un plan de acción. Si bien la meta en el modelo de la iglesia local es que podamos ser enviados, en las misiones enviar es la meta desde la óptica de generar fortaleza en la comunidad de fe, se les envía a ser parte de ese cuerpo. Nuestro llamado con los misionados es presentar la *Missio Dei* de tal forma que pueda madurar en un esfuerzo dirigido a las *missiones ecclesiae.* Por lo tanto, sugerimos un modelo más orientado en esta dirección:

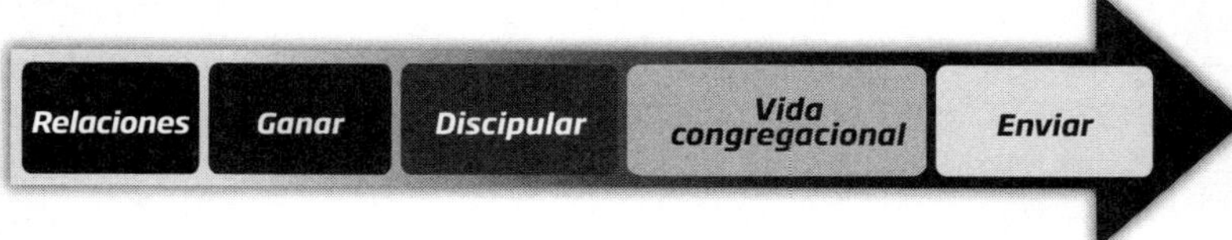

Deseamos que en el proceso de colaborar en el campo misionero podamos generar relaciones sólidas de entrada para compartir las buenas noticias. Recordemos que cuando vemos el proceso misionero que desarrolla el apóstol Pablo, el proyecto de la evangelización era delegado a algunos líderes locales de la comunidad para que la iglesia fuera contextual a la realidad que se presentaba en ella. En nuestro tiempo no es muy diferente y puede tomar mucho tiempo poder ver una comunidad formada. Solo es necesario que podamos trabajar el terreno con sabiduría y no apresurar los resultados. La madurez del proceso en el camino permitirá que la misión pueda florecer para que se convierta en esa actividad misionera cíclica que es tan necesaria.

Queremos animarte a que, más que buscar pasos en particular, definas cómo se hace el discipulado en el campo y que comprendas que esta es una tarea que se hace partiendo de un tiempo prudente de observación del lugar de la misión. El mayor impacto que puedes tener en tu vocación misionera es que te puedas orientar por ser un joven que consagre su tiempo más allá de un período corto. Ir al campo nos lleva a mirar la siembra como el potencial que pueda crecer y reproducirse. Si no tomamos el tiempo para permanecer en la misión con el compromiso de forjar un porvenir espiritual, nuestro esfuerzo se reducirá a un simple discurso que los oyentes no podrán recordar. Si en cambio tomamos el tiempo de visitar, convivir, compartir, permanecer y acompañar, tendremos la base más solida para pasar de formar relaciones a un discipulado fértil. Somos llamados a la misión para compartir el amor de Dios y evidenciarlo mediante el discipulado.

Rasgos del discipulador

Ya hemos hablado de que el esfuerzo del discipulado requiere una base sólida en las relaciones más que en los programas o cursillos que les demos a las personas que se interesan por abrazar la fe en Cristo. Es muy importante que nos tomemos el tiempo de auscultar los atributos que deben gozar quienes desarrollan el acompañamiento de los nuevos creyentes en el campo de la misión. Esto es vital porque es el fin esencial de salir a los campos de la siega. El desarrollo óptimo de la obra surgirá en la media que fortalezcamos las amistades con quienes hacemos misión. Si no reflexionamos con madurez en las características que disponen los que desarrollan el discipulado, podemos anticipar el retroceso de un esfuerzo de trabajo de años y, en los peores casos, una mancha difícil de borrar en los corazones de las personas que viven en los países donde deseemos hacer un punto de predicación por la misión. El discipulado es transcendental para que la misión avance.

Debemos recordar que en el proceso de la proclamación siempre nuestras acciones serán determinantes en lo que hacemos. Diría que, tan importante como estar en el campo ejerciendo relaciones en pro del discipulado, es que nuestro vivir armonice con nuestro decir. En ese caso, quiero recomendar tres valores importantes que son destacables para quienes ejercen el discipulado en el campo. Doug Fields y Duffy Robins, en su libro *Speaking to teenagers: How to Think About, Create & Deliver Effective Messages [Hablándoles a los adolescentes: Cómo pensar, crear y exponer mensajes efectivos]*, destacan que en el aspecto ético del comunicador, al menos deben haber tres aspectos fundamentales para que podamos medir cuán efectivos somos en lo que queremos transmitir. Si nuestro deseo en el campo misionero es que podamos presentar el corazón de Cristo, entonces, quienes comunican el proceso formativo, deben evidenciar madurez en las siguientes áreas:

1. Cuidado
2. Competencia
3. Carácter

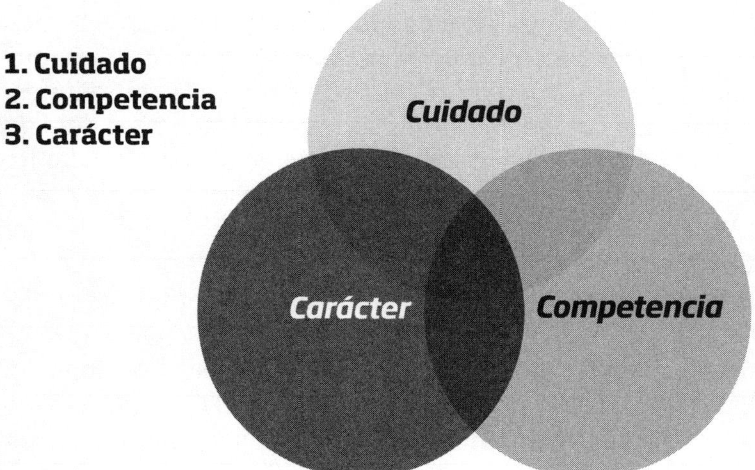

Cuidado

Si algo es muy importante en la vida de las personas cuando vamos a compartir con ellas, tiene que ver con demostrar cuánto nos preocupan. A ninguna persona le agrada tener algún tipo de relación con alguien que no demuestre un interés verdadero en tenerla. Si nos encontramos en lugares donde queremos desarrollar actividades misioneras, es importante exhibir un interés genuino por su gente. Es decir, nuestra pasión por la misión se debe ver reflejada en nuestro amor por los habitantes de ese lugar. De manera constante e inconsciente ellos se hacen preguntas como: *¿Se preocupa verdaderamente por mí? ¿Es seguro abrir mi corazón con él o ella? ¿Le agrado?*

En ocasiones no nos percatamos de la mucha atención que nos prestan las personas con las cuales nos relacionamos. Esa atención es mayor si estamos intentando ejercer algún tipo de enseñanza con ellos. Te recomiendo que al hablarles utilices sus nombres, no utilices lenguaje vulgar ni ofensivo y que tu sentido del humor sea respetuoso con ellos y con su cultura. De igual manera es importante que podamos ser conversacionales y que no parezca que siempre les estamos dando un sermón. En otras palabras, debemos hablar «con ellos» y no hablarles «a ellos». En este sentido, Fields y Robbins dicen: «*Una boca llena de argumentos que no pueden ser sostenidos por un corazón lleno de amor, rara vez persuade a las personas*[21]». Lo que las personas quieren sentir es la pasión por servir de quien camina con ellos. Un buen ejercicio que puedes hacer es identificar maneras concretas para manifestar tu amor cuidando a las personas que están cerca de ti. Al hacerlo, proponte efectuar pasos concretos para propiciar relaciones que permitan compenetrarte con los demás.

Competencia

Una de las mejores maneras de mirar la experiencia del discipulado radica en la capacidad de mentoría que podemos desplegar entre quienes pretendemos enseñar y acompañar. Esto permite que las personas que inician el camino en Cristo puedan apreciar, en efecto, cuán hábiles somos para atender y comprender los dilemas de la vida. El que aspira a generar experiencias de discipulado no puede aspirar a depender de fórmulas de preguntas únicas sin tomarse el tiempo de vislumbrar los desafíos que presentamos en la vida. Como discipuladores, además de enseñar textos bíblicos de referencia, también dirigimos a quienes discipulamos a que puedan ver los retos que nos atrapan en la vida a la luz de las Escrituras. Las preguntas que las personas también se hacen a causa de nosotros son: *¿En realidad sabrá de qué está hablando? ¿Verdaderamente entiende mi vida y mis asuntos personales? ¿Su enseñanza tiene sentido?* El desafío está en que en efecto estamos buscando las maneras de promover nuestra comprensión de todas las posibles situaciones que podrían ocurrir en la nueva cultura en donde nos podríamos encontrar.

21 - Doug Fields y Duffy Robbins. *Speaking to Teenagers: How to Think About, Create, and Deliver Effective Messages,* Zondervan and Youth Specialties, Grand Rapids, MI, 2007, p. 49.

Una manera de testear nuestra comprensión es hacer referencia a signos de la cultura y actividades cotidianas que se desarrollan en el lugar. En el acompañamiento con las personas no podemos lucir improvisados en lo que compartimos porque tal vez no puedan absorber lo que queremos entregarles. Entre las cosas que recomiendo es que, además de conocer el evangelio, tomes en serio actualizarte en las herramientas que utilices para el ministerio. No obstante, esto no quiere decir que abandonemos la humildad y sencillez en nuestro acercamiento. Más bien, hacemos referencia a desarrollar un nivel de conocimiento que permita apertura para poder generar interés en relacionarse. Si tenemos cuidado y atención por las personas que discipulamos, pero no evidenciamos competencia en lo que enseñamos, seremos solamente buenos amigos para pasar un buen rato, pero perderemos la oportunidad de dialogar sobre asuntos que puedan estar en su corazón.

Carácter

Finalmente, los que hacen discipulado necesitan sostener todas las cosas que hacen con un testimonio genuino en todo lo que hacen. Nuestro llamado es a presentar una fe que no necesite que seamos otras personas para ser escuchados. No hay necesidad de hacernos pasar por alguna otra persona que admiremos. Si bien podemos considerar algunas personas como referencia, seremos nosotros en el campo quienes tenemos la gran oportunidad de producir confianza o desconfianza entre los que hacemos misión. Tanto el cariño como la capacidad para responder preguntas son importantes, pero es vital que seamos personas de carácter adecuado para propensar diálogos profundos. Las preguntas que ellos se pueden hace en este caso son: ¿Practican lo que predican? ¿Puedo confiar en ellos? Pareciera un tanto básico, pero si nuestro carácter no propicia la confianza para que puedan compartir aspectos personales con nosotros, es muy difí-

Nuestro llamado es a presentar una fe que no necesite que seamos otras personas para ser escuchados.

cil que podamos compartir a Cristo en una manera productiva.

El carácter es lo que nos define en nuestras motivaciones con quienes acompañamos. Esta faceta del discipulador nos debe llevar a la confrontación sincera de saber por qué hacemos las cosas que decimos. Nos debemos preguntar con honestidad algunas de estas cosas:

- ¿Qué cosas tengo en común con la comunidad que me permite dialogar abiertamente?
- ¿Realmente la comunidad puede ver que tengo puntos en común con ellos?
- ¿Tengo una agenda oculta cuando hablo con ellos o soy claro en que les presento a Cristo con todos mis actos?
- ¿Qué me califica para conversar con ellos más allá del llamado de la Gran Comisión?
- ¿Soy honesto en nuestros diálogos?

Una buena manera de mirar esto en el texto bíblico es esta: «*Yo mismo, hermanos, cuando fui a anunciarles el testimonio de Dios, no lo hice con gran elocuencia y sabiduría. Me propuse más bien, estando entre ustedes, no saber de cosa alguna, excepto de Jesucristo, y de éste crucificado. Es más, me presenté ante ustedes con tanta debilidad que temblaba de miedo. No les hablé ni les prediqué con palabras sabias y elocuentes sino con demostración del poder del Espíritu, para que la fe de ustedes no dependiera de la sabiduría humana sino del poder de Dios*» (1 Corintios 2:1-5).

Vemos que Pablo, más que con palabras, pudo demostrar con poder de Dios el evangelio. En detalle, lo que el autor nos comunica es que sus actos estaban sujetos a la gracia de Dios, y que solamente de esa manera Cristo podía ser predicado. Hay un viejo dicho que dice que «las acciones hablan más que las palabras» y que aquello que hacemos habla tan fuerte que no permite escuchar lo que decimos. Nuestro propósito requiere de un discipulado real en nosotros antes de comunicarlo a los demás. Esa es la manera de poder promover un crecimiento idóneo en Cristo.

Esperamos que estas recomendaciones te puedan inspirar a ser un misionero que responda con mayor compromiso y fuerza a la necesidad de elaborar un discipulado convincente en lo que hacemos. Dios nos ha convocado para hacer discípulos, una responsabilidad que no debemos tomar ligeramente. Es un privilegio formar a hombres y mujeres en su caminar con Cristo para que ellos puedan alcanzar a otros y así continuar la gran tarea de la misión de Dios.

HAY LUGAR PARA TODOS

CAPÍTULO 9

«No existe ningún país cerrado, siempre y cuando se esté dispuesto a entrar y no regresar».

Hermano Andrés

«Justa entre las naciones», así se llamó la distinción con la que el gobierno de Israel honró a Irene Sendler en 1965, basada en la trascendencia de sus actos en el servicio heroico al pueblo judío en el trago más amargo de su historia contemporánea, el holocausto. Irene, o mejor conocida como «el ángel del gueto de Varsovia», vivió el horror cuando en 1939 hiciera su más temible aparición el ejército de Hitler e invadiera su país, Polonia. Luego, tres años más tarde, el *Führer* instalaría uno de sus más famosos guetos en la capital de aquel país. Los guetos eran lugares donde hacinaban, en las peores condiciones, a todos los judíos sin que ellos tuvieran la menor posibilidad de escapar y era el paso previo al viaje hacia una muerte casi segura en los campos de exterminio.

Esta mujer era una muy joven enfermera polaca cuando todo esto ocurría. Ella sintió el llamado para servir a los judíos en el gueto brindándoles los servicios básicos de salud. Guiada por esto, pidió el acceso a los alemanes que controlaban el lugar y estos se lo permitieron gracias a que deseaban mantener a raya ciertas enfermedades que comenzaban a propagarse entre la población y de las que ellos querían mantenerse limpios. Así fue que, de forma paulatina, ella encontró la oportunidad de convencer a los padres judíos de que le entregaran a sus niños para encontrar de alguna forma la manera de sacarlos del lugar con el fin de rescatarlos. Obviamente, este rescate fue, en primer lugar, de las condiciones infrahumanas en las que vivían en el gueto y, segundo, de los trenes en los que serían llevados a los campos de exterminio.

Esta mujer, de las maneras más audaces, protagonizó el escape de más de 2500 niños judíos del gueto, instalándolos con familias polacas y de religiosos, y guardando un registro de sus nombres y el de sus padres con la esperanza de que un día recuperaran sus historias personales. Poco a poco hizo aquello hasta que fue descubierta por los nazis, quienes la torturaron brutalmente para que dijera el paradero de los niños. Sus torturadores, al darse cuenta de que ella nunca diría nada, la sentenciaron a muerte, pero minutos antes de la ejecución, un soldado polaco disfrazado de militar alemán la sacó y salvó su vida, aunque le costara la suya.

Me imagino que a este punto de la historia te estarás preguntando: ¿Cómo lo hizo? ¿Cómo rescató a miles tanto tiempo sin ser descubierta?

La respuesta es simple y creativa. Ella utilizó todo lo que tenía a su alcance para transportarlos hacia la libertad, utilizó sacos de papa, cajas de herramientas, ataúdes, los sacó entre cargamentos de ladrillos, cestos de basura, etc. Todo lo que tenía a mano lo ponía al servicio de la misión que guardaba tras las cortinas de su alma. Esta misión apasionaba sus sentidos y disparaba en ella la creatividad para que cada día más niños fueran salvos. Irene entendió que cada elemento en sus manos, si se le utilizaba audazmente, podría convertirse en una potencial herramienta de salvación.

Este es el relato de alguien que comprendió que debía ser parte de la salvación de otros y que no quiso ser solo una espectadora de la historia, aunque esta, en ese momento, le mostrara sus aterradoras garras. Ella, como quien entiende que debe estar a la altura del desafío, se ciñó de valor y arrojo encontrando las vías más creativas para ser una pieza clave en el giro del destino para miles que la necesitaban.
Hoy, al igual que esta mujer, cada uno de nosotros está respondiendo a la decisión de ser un espectador de la historia o un instrumento en el proceso divino que cambia historias personales alrededor del mundo de las maneras más creativas.

Sirviendo en la misión

Es un hecho que debemos llevar adelante la misión de ir por quienes hoy no conocen al único capaz de proveerles esperanza y salvación eterna, ya sea los que abarrotan las ciudades o quienes de la manera más remota pastorean ovejas en los crudos desiertos, pues todo ser humano necesita recibir el amor de quien un día entregó su vida por ellos en una cruz. La pregunta no es si está del todo claro en su palabra si debemos sumarnos a la causa de redención de todas las naciones, sino más bien debe ser: ¿Cómo podemos sumarnos hoy y engrosar las filas de quienes engrandecen el reino de Dios en toda la tierra?

Es interminable la lista de formas en las que hoy el evangelio está llegando a los corazones de la gente en todo el mundo, especialmente en los países de acceso creativo, es decir, aquellos lugares donde nunca podrías estar dentro de sus límites con una visa de misionero, puesto que la proclamación y la plantación de iglesias resulta estrictamente prohibido.

Quisiera detallarte brevemente algunas macro oportunidades, en muy variados campos, en los que puedes encontrar un lugar para convertir tus aptitudes y habilidades en herramientas de salvación para otros y ser parte del plan maestro de Dios para el mundo. Todas ellas están apuntadas al evangelio integral que Jesús pregonó con sus hechos cuando estuvo en la tierra:

¿Cómo podemos sumarnos hoy y engrosar las filas de quienes engrandecen el reino de Dios en toda la tierra?

«Cuando Jesús desembarcó y vio a tanta gente, tuvo compasión de ellos y sanó a los que estaban enfermos. Al atardecer se le acercaron sus discípulos y le dijeron: "Éste es un lugar apartado y ya se hace tarde. Despide a la gente, para que vayan a los pueblos y se compren algo de comer". "No tienen que irse –contestó Jesús–. Denles ustedes mismos de comer"».
(Mateo 14:14-16)

Si miras con atención notarás que el corazón de nuestro Señor no solo se conmovía por las «almas» de aquellas multitudes, sino que más bien se interesaba por el bienestar integral del pueblo sanando sus dolencias y dándoles de comer en repetidas ocasiones.

Así que, cuando veas en este capítulo algunas de las ventanas de oportunidad para servir en la obra misionera, no las mires simplemente como excusas para hacer lo que supones que es más importante, como popularmente se dice, «salvar las almas». Piensa en ellas como parte de ese proceso del plan discipulador y de salvación de las naciones, que incluye llevarles el verdadero evangelio integral de Jesucristo.

Esta historia nos recuerda que el milagro que Jesús hace lo desarrolla partiendo desde las necesidades básicas y fundamentales que tenían quienes le estaban escuchando. El sicólogo Abraham Maslow estableció la jerarquía de necesidades. Esta muestra que los seres humanos, en lo más básico, lo que necesitan es comer, respirar y seguridad de albergue. Si nos percatamos, Jesús no desarrolla su misión solamente en la predicación y en los milagros, sino en el cuidado personal de las personas que lo están escuchando. Entonces, el campo misionero necesita de personas que puedan proveer mejor alimentación, ambiente y vivienda. Esto nos ayuda a comprender que el llamado a la misión nos debe incomodar ante la pobreza, el hambre y la injusticia.

ELIEZER

Desarrollo social

Actualmente se desarrollan miles de proyectos misioneros bajo la consigna de mejorar las condiciones de la calidad de vida de quienes se plantea alcanzar. Estos son un testimonio vivo del amor de Dios y se elaboran en vastos temas sociales. Algunos ejemplos de ellos son: la asesoría y búsqueda del cumplimiento de los derechos humanos, el desarrollo de la igualdad de género, la construcción y el mantenimiento de centros de asistencia para huérfanos (muchos de estos el triste legado de las guerras y revueltas sociales).

Más muestras de ello son la asistencia a viudas, la capacitación profesional, la creación de nuevas fuentes de trabajo, la enseñanza de idiomas, la educación y el desarrollo sanitario, la creación de pozos de agua, la construcción de espacios públicos de recreación, etc. Recuerda que cada paso que la iglesia da para mejorar la calidad de vida de los pueblos se vuelve un respaldo más sólido y fiel al mensaje integral de Jesucristo para la plantación de iglesias en estos contextos.

Deportes

Como nunca antes la iglesia se da cuenta del impacto de utilizar el deporte en la sociedad como puente para compartir las buenas noticias de manera holística. Esto nos proporciona la conexión necesaria para influenciar de manera duradera las vidas de las personas, en especial las de las nuevas generaciones. Hoy, en el campo misionero, son ampliamente requeridos los servicios de entrenadores, jugadores, atletas de todas las disciplinas, fisioterapeutas, motivadores, gerentes deportivos, etc. Para darte un ejemplo de esto, piensa en la innegable influencia que un entrenador tiene sobre un grupo de chicos. Muchos de los países de acceso creativo cuentan con sociedades en las cuales las palabras de los adultos son sumamente respetadas. Al mismo tiempo, miles de niños y jóvenes crecen sin padres producto de revoluciones o de los alcances de la desintegración en la sociedad. Imagínate la tremenda oportunidad que tenemos de poner entrenadores cristianos entre ellos para el avance del evangelio en las nuevas generaciones a través del deporte.

Medicina y ayuda humanitaria

Vivimos en un mundo donde las condiciones de salud son completamente desiguales. Pocos países tienen buenos sistemas de salud y muchos otros, en especial los más pobres y menos alcanzados con el evangelio, tienen pésimas condiciones de salud. Aun hoy mueren miles en estos países por no entregar tratamientos y vacunas que en nuestros países son sumamente básicos y comunes. Aunado a esto, y como si este panorama fuera ya poco, estos países constantemente se ven envueltos en guerras o crisis alimentarias, trayendo esto más desafíos al área de la salud.

Aparte de ser esta realidad algo que debe a todos hacernos orar, la iglesia debe también actuar. Es en este sentido que hoy se abren muchas oportunidades para personas especializadas en este campo. Existen hospitales, clínicas ambulantes, campañas de vacunación masivas, clínicas especializadas en el tratamiento de portadores del HIV, atención médica en medio de la guerra brindando atención a los heridos, servicios especiales para los campos de refugiados, etc. También se cuentan por cientos las oportunidades para actuar en este campo en medio de las hambrunas, guerras, desastres naturales, la reconstrucción de infraestructuras después de procesos bélicos o catástrofes. Como verás, hay mucho por hacer atravesando esta puerta de testimonio del amor de Cristo, especialmente en los países más convulsos y cerrados al evangelio.

Alfabetización y traducción de la Biblia

Si dices que tu Dios es tan grande, ¿por qué no habla mi lengua?

Esta fue la pregunta recibida de un indígena guatemalteco que hablaba el Cakchiquel cuando el misionero, Cameron Towsend, trataba de venderle una Biblia en español a comienzos del siglo pasado. Esto desencadenó que se internara a vivir con ellos y aprendiera su lenguaje, creara un alfabeto para el mismo, analizara la gramática y tradujera el Nuevo Testamento en solo diez años. En 1942 fundaría Wycliffe, una agencia misionera destinada a preparar y apoyar procesos de traducción de la Biblia.

¿Sabías que la Biblia no está disponible de manera completa en todos los idiomas que se hablan en la tierra? La Palabra de Dios hoy está disponible en 2500 idiomas de los 6860 que se hablan en todo el mundo. Al día de hoy existen 1211 idiomas que tienen únicamente el Nuevo Testamento, 897 algunos libros o porciones, dejándonos la increíble cifra de 2078 idiomas que no tienen absolutamente nada de la Palabra de Dios en su idioma. Ahora bien, ¿cuánto es esto en proporción de la gente que no cuenta con ninguna porción de las Escrituras? Alrededor de 340 millones[22].

22 - Alianza Global Wycliffe. Lenguajes Traducidos de la Biblia, http://www.wycliffe.net/ScriptureAccessStatistics/tabid/73/language/es-CR/Default.aspx (Accesado el 22 de febrero de 2012).

Esto supone una grandísima oportunidad de servicio que requiere de mucha ayuda, ya que si bien es cierto que hay un espacio especial para lingüistas y traductores, también lo hay para alfabetizadores (los que enseñan a leer o escribir a los locales), ya que muchas de estas lenguas son de tradición oral, es decir, no tienen alfabeto. Así que, si queremos que en el futuro lean la Palabra, deben aprender a hacerlo.
Podemos estar convencidos que proveer la Palabra de Dios a otro idioma es un gran reto, pero no podemos imaginar un sano desarrollo de la iglesia autóctona sin contar con la Biblia en su propia lengua.

Negocios

Desde tiempos del apóstol Pablo los negocios han constituido una tremenda oportunidad para involucrarse en la misión de Dios. Estos nos ayudan a establecer vínculos con esferas de la sociedad que, si no fuera de esta forma, la iglesia no tendría contacto para alcanzar a las personas en esos desafiantes lugares. Es muy variada la gama que puedes elegir para entrar a este engranaje de negocios como misión. Es simplemente fascinante el hecho de pensar que a la misma hora que puedes intercambiar recursos, tecnología, bienes y servicios, poco a poco, a través de la amistad, puedes ir compartiendo de Jesucristo con personas que nunca han escuchado hablar de él o que tienen un concepto herrado de sus seguidores.

Sea cual sea la habilidad que tengas, puedas ocupar tu lugar especial dentro de su misión.

Conclusión

Estos son solamente algunos breves ejemplos de maneras en las que, a través de lo que Dios ha puesto en ti, puedes servir a otros. Te aseguro que hay muchas otras formas que no mencionamos con las que puedes hacerlo y que son vibrantes oportunidades para que, sea cual sea la habilidad que tengas, puedas ocupar tu lugar especial dentro de su misión.

Espero que al prestar atención a la lectura te hayas dado cuenta de que las palabras más recurrentes en este capítulo fueron: herramientas, creatividad, testimonio, integral, salvación y naciones. Si juntamos estas palabras formaran una oración que puede resumir el concepto que venimos tratando: Utiliza tus herramientas de manera creativa para testimonio integral y salvación de las naciones.

Te animo a que grabes a fuego en tu corazón esta simple oración ya que, si de manera valerosa la llevas a la práctica, puedes ser la vía de escape y la esperanza a una nueva vida para muchos que hoy te necesitan.

BRILLANDO HOY

CAPÍTULO 10

«No sé cómo trabaja tu teología, pero si Jesús tiene la opción entre un vitral y dar de comer a los niños hambrientos de Haití, tengo la sensación de que escogería a los niños de Haití».

Tony Campolo

Responder al llamado de las misiones en ocasiones presenta tensiones para quienes están inclinados a ellas. Muchos luchan por tratar de identificar cuál es el lugar y en qué momento hay que salir a predicar. Las múltiples visiones y criterios para que se hagan las misiones en ocasiones nos llevan a no considerar lo importante de la *Missio Dei,* a la cual todos estamos llamados a responder. Por eso, me parece que debemos repensar si nuestra actitud a la misión responde más a un sentimiento ocasional o a una convicción del llamado que entendemos que es parte del evangelio. Nos corresponde entonces mirar con detenimiento si somos misioneros desde nuestra localidad inmediata o si vemos las misiones como una actividad limitada a otro punto geográfico.

Debemos también fijarnos si hacemos más actividades proselitistas que evangelizadoras en su contenido amplio. Con proselitismo me refiero a la obstinación de hablar del evangelio con el único fin de ganar afiliados y sin el interés genuino de un proceso formativo en la fe y el discipulado para la transformación de su vida. Es la actividad de mirar a quienes no comparte nuestra fe como los malos y nosotros como los buenos. Nuestro llamado es para hacer discípulos de Jesús que desarrollen una relación con él más allá que un número estadístico en el papel u obtener una cuota numérica de personas a las cuales«ganamos», sino que es más bien «*enseñarles a obedecer todo lo que nos ha mandado a nosotros*». Lastimosamente, hay ministerios que prefieren impresionar con números más que con el contenido amplio y profundo de la misión. Nuestro esfuerzo debe enfocarse en que la misión consista en la transformación de las personas mediante la fe en Cristo. Por lo tanto, la actividad formativa desde la base de nuestro llamado no puede encenderse solamente cuando estamos colaborando en otra tierra extraña. El llamado a la misión de Dios es desde nuestra localidad habitual. Ed Stetzer, un reconocido profesor de misiones dice, lo siguiente:

> Los misioneros ven a las personas como únicas y valiosas. Jesús veía a las personas como individuos y como grupos. Las multitudes eran importantes para Jesús

> por las personas que estaban en ellas. Las multitudes no son trofeos que se ganan. Ni tampoco son «proyectos» para completarse. La influencia en las masas de personas no es la afirmación del líder ni de su autoestima. Las multitudes son importantes por el increíble valor de las personas[23].

Al acercarnos a la misión debemos comprender que el desafío de la misión es para todo momento. Entenderlo desde el inicio nos lleva a mirar las multitudes como ovejas que necesitan pastor al igual que nosotros. Por ello, la actividad misionera puede ser comenzada desde la realidad habitual que tenemos en nuestras calles, barrios, pueblos y ciudades. Las experiencias por las que atravesamos con los jóvenes de nuestro entorno gritan que una misión surja desde las entrañas de donde nos encontramos. Mi gran amigo y hermano, Howard Andruejol, lo dice de esta manera: «*Si nosotros cumplimos la misión y el evangelio son las buenas noticias, podemos afirmar que nuestro estilo de vida debe ser entonces una buena noticia para el mundo que nos rodea en todo lugar y en todo momento. Ser los portadores de las buenas noticias de Jesucristo implica involucrarnos en la transformación de la vida de aquellos con los que podemos tener algún contacto*[24]».

Entonces… ¿vemos nuestras calles como un espacio de desarrollo misionero? ¿Qué medidas concretas realizamos para servir en nuestras comunidades? ¿Consideramos los espacios urbanos como lugares de misión? ¿Cómo les servimos? ¿Nuestra espiritualidad se observa como aspecto triunfalista de conquista en otros países? ¿Hacemos servicio o solo cultos evangélicos? ¿Qué alternativas damos para acompañarles y presentarles a Cristo?

La misión de hoy requiere que reenfoquemos nuestra noción del llamado de Dios para esta generación. Nuestra adoración no puede ser una concentración, es decir, no puede ser solo cantar en un lugar de reunión. Eso sería como engañar a al-

23 - Ed Stetzer y Thom Rainer. *Transformational Church: Creating a New Scorecard for Congregations*, Publishing Group y Lifeway, Nashville, Tennessee, 2010, p. 82 [E-Book accesado el 9 de octubre de 2011 de IBooks].
24 - Howard Andruejol, *Estratégicos y audaces: Una guía para entrenar a líderes juveniles*, Especialidades Juveniles y Editorial Vida, FL, 2010, p. 129.

guien entregándole un jugo congelado que es todo sabor artificial en vez de un jugo natural. La adoración debe ser natural y tangible en el paladar de nuestro corazón. Para ello no podemos permanecer estáticos, debemos recurrir a la acción de lo posible. Por lo tanto, debemos revisar cómo nuestra espiritualidad se reconcilia con el llamado de hacer discípulos en todas las naciones, puesto que este término en la Biblia no significa solo cruzar fronteras y navegar a otros lugares a través de mares, sino más bien estar en medio de las comunidades donde se concentraban personas de diversas regiones y países. Nuestra espiritualidad debe ser un tanto más concreta que abstracta en las cosas que hacemos en los servicios de la iglesia.

> Esta espiritualidad solo puede resolverse en un contexto social, que necesita desesperadamente de la actividad contemplativa y apostólica por igual. El quebrantamiento de la sociedad —tan visible en nuestros barrios—, el mandato misionero escritural y el amor del Espíritu nos constriñen para alimentar a los pobres y los desposeídos, en suma, para expresar el amor de Dios en las problemáticas sociales. En Mateo 25:35-36 y 40, Jesús describe gráficamente la interrelación vertical y horizontal de la adoración y el compromiso social, y nos desafía así a vivir una espiritualidad íntegra[25].

«*Porque tuve hambre, y ustedes me dieron de comer; tuve sed, y me dieron de beber; fui forastero, y me dieron alojamiento; necesité ropa, y me vistieron; estuve enfermo, y me atendieron; estuve en la cárcel, y me visitaron* [...] *Les aseguro que todo lo que hicieron por uno de mis hermanos, aun por el más pequeño, lo hicieron por mí*».(Mateo 25:35-36,40)

De ser misionero a misional

Recientemente se ha discutido en ciertos círculos sobre la diferencia entre ser «misionero» y ser «misional». Una no tiene que descartar la otra, pero responde mejor a una actitud

25 - Eldin Villafañe, *El Espíritu Liberador: Hacia una ética pentecostal hispanoamericana*, Nueva Creación, Buenos Aires, Argentina, 1996, p. 148.

que podemos desarrollar para entonces tener una mentalidad misionera en todo lo que hacemos. Por mucho tiempo hemos dicho que la actividad misionera se hace en un momento único y particular, cuando en efecto podemos notar que es un movimiento continuo que no se puede activar ocasionalmente. No podemos pensar que hacemos misión de manera intermitente. Eso sería como el semáforo inconsistente que hace que todos los conductores manejen confusos porque no saben si pueden pasar. Jesús dijo que somos luz del mundo y esa luz no puede estar escondida y apagándose ocasionalmente. De igual manera fue más contundente al decir: «*Hagan brillar su luz delante de todos, para que ellos puedan ver las buenas obras de ustedes y alaben al Padre que está en el cielo*» (*Mateo 5:16*).

El llamado misional es siempre estar conscientes de que la misión se hace en todo momento y que vivimos para ella. No podemos pensar que el llamado a la misión se hará. El llamado a la misión se hace hoy. Si somos parte de un comité misionero en la iglesia, de un equipo de actividades misioneras o hasta de un grupo de oración por las naciones, debemos procurar que todos participemos de ella y que no sea confinado a los «misioneros» del grupo de jóvenes. Siempre debemos procurar que ese sentir sea introducido en todos. Cada vez nos debemos mover más en un planteamiento sólido de la misión. Te animo a que busques la manera de contagiar a los demás chicos a que vivamos la misión en nuestros entornos. Ese es el llamado que tenemos como iglesia de Dios. Entonces, debemos procurar que la misión se haga clara en todos. Alan Hirsch lo explica de esta manera:

> La iglesia misional es una comunidad del pueblo de Dios que se define a sí misma y organiza la vida alrededor con el propósito de ser un agente de Dios en la misión al mundo. En otras palabras, el principio fundamental de organización en la misión. Cuando la iglesia está en misión, es la verdadera iglesia. La iglesia no es un producto de esa misión, sino que está obligada y destinada a extenderla por todos los medios posibles. La misión de Dios fluye directamente a través de cada creyente

y cada comunidad de fe adherida a Jesús. Obstruirla es bloquear el propósito de Dios en y a través de las personas[26].

Ser misional es participar en la actividad de Dios en el mundo. Al mirar el texto bíblico nos percatamos de que Dios es un Dios misionero que envío a su Hijo al mundo para encarnar su amor por la humanidad. El reto que tenemos es poder ser gente con una misión definida por la vida que vivimos. Al desarrollar esa actitud, podremos ver en qué manera nuestra proyección de las cosas que hacemos se va modificando.

Chris Folmsbee presenta un buen modelo de la diferencia entre las misiones y vivir misionalmente en su libro A New Kind of Youth Ministry [Un nuevo tipo de ministerio juvenil]:

Ser parte de las misiones	Vivir misionalmente
Participo en el viaje misionero anual de nuestra iglesia o apoyo económicamente a otros que van.	Soy un misionero(a) todos los días.
Separo lo sagrado y lo secular, por ejemplo, mi oportunidad especial de servir a Dios en un viaje misionero de vez en cuando y mi papel habitual de hijo(a), hermano(a), esposo(a), o padre (madre).	Reconozco que Dios está trabajando en todo en la vida, y debido a ello, procuro trabajar en todo en la vida junto a él.
Pienso que las verdaderas misiones deben reservarse para los «llamados a ser misioneros».	Creo que todos somos llamados a ser misioneros.
Considero que los emprendimientos misioneros tienen lugar transculturalmente.	Vivo en un contexto de misión transcultural.
No tengo las habilidades o los dones para ser misionero.	Dios me ha creado con dones únicos que puedo usar a favor de su misión.
La iglesia apoya económicamente a los misioneros y los proyectos de misiones.	La iglesia vive la misión de Dios.

26 - Alan Hirsch. *The Forgotten Ways*, Grand Rapids, Michigan, 2007, p. 82.

Apuesto todo mi corazón a que debemos ser misionales en vez de acercarnos llanamente a nuestra tarea de misión encasillándola solo en el compartimento de eventos de corte misionero. Ahora, también es sensato no caer en la falsa consigna de los programas misioneros tales como viajes a corto plazo, conferencias, ofrendas misioneras, etc. que en sí mismos no apuntan al cumplimiento de la misión y no juegan distintos roles que los vuelven necesarios. Suponer esto es un grave error. El problema que, para mí, Eliezer nos presenta, no son los eventos sino los creyentes. Aquellos que por falsas premisas en sus vidas o por escudarse y tranquilizar sus conciencias, creen que con hacer un poco aquí y un poco por allá utilizando estos programas están viviendo una vida con perspectiva misionera. La verdad es que si deseas vivir una vida misional, los programas serán parte de lo que haces, pero no dependerás todo el tiempo de ellos para ser una carta abierta portadora de buenas noticias digna de ser leída por el mundo.

ANDRÉS

¿Qué considerar?

Desarrollar una propuesta de trabajo en alguna comunidad tiene que estar alineada más con las personas que viven allí que con nosotros mismos. En eso se basa la misión de Dios. Lo ideal es que tomes la oportunidad con tu grupo de jóvenes y adolescentes para ver de qué manera se puede encarnar el esfuerzo misionero con todos los que están en tu comunidad. Los fundamentos que te recomiendo para considerar en tu ministerio son los siguientes:

1. Necesidades

Observa las carencias de la comunidad en la que sirves. Te advierto que este esfuerzo no se hace solamente mediante la observación momentánea de unos minutos, sino que considera cosas que la misma comunidad no se percata que requiere, y para darse cuenta de eso, se necesita tiempo.

2. Tendencias

Toma el tiempo para consultar con estudios, artículos, revistas y tus propias observaciones para así poder pronosticar el comportamiento social en donde habitas. Puedes considerar comparar el lugar con otros semejantes, pero debes reconocer que tu comunidad es única. Mirar de antemano la tendencia nos permitirá adelantarnos en lo que podamos desarrollar con ellos.

3. Esperanzas

En el proceso de investigación es importante que identifiquemos cuáles son los signos de esperanza existentes en la comunidad. Estas pueden ser las fortalezas que contenga cada una de ellas y ver de qué manera pueden prestarse para inspirarles a encontrar a Dios. Recuerda la manera en que Pablo les predicó a los atenienses.

4. Pasiones

Junto a la identificación de necesidades, tendencias e historias de esperanza, creo que es importante analizar cuáles son las pasiones que tenemos como grupo juvenil. Ver nuestras fortalezas hará que logremos hacer una propuesta de servicio que comunique el amor de Dios en todas las cosas que se hagan.

Nuestro llamado es a compartir a Cristo con los jóvenes desde nuestras comunidades a otras naciones de la tierra y ver dónde radican esas «naciones» comunitarias. Lo ideal es que podamos realizar nuestras acciones con un pensamiento totalmente orientado hacia la misión. «*La Palabra debe continuar encarnándose en cada lugar en el tiempo, en cada lenguaje, cultura, género y generación. La mejor teología ocurre en las calles, cárceles, hospitales, barrios, oficinas, hogares y refugios de este mundo. Si esta Palabra es la misma Palabra que vemos completamente en Jesús, será llena con gracia y verdad*[27]». Sé que Dios te dirigirá a un plano en el que harás la misión con efectividad. Mira a tu alrededor, busca en tu interior y encuentra en el exterior las oportunidades para servir, así Dios te llevará a bendecir a muchas personas.

27 - Bob Ekblad, *Reading the Bible with the Damned*, Westminster John Knox Press, Louisville, KY, 2005, p. 9.

Concreto, práctico e inteligente

Capítulo 11

«Esperad grandes cosas de Dios.
Emprended grandes cosas por Dios».

William Carey

Sí estás finalizando tu recorrido por las páginas de este libro, es nuestra oración que te veas apremiado en poner tu vida a la luz de la perspectiva de las prioridades del cielo. Quisiéramos darte unas recomendaciones finales que pueden servirte de guía si es que deseas dedicar tu futuro a la extensión de su Reino.

1) Comunícate con Dios

Todo verdadero llamado se forja de rodillas. Cuando oramos a Dios, estamos encomendándonos a su providencia, es decir, estamos pidiendo que él nos dé el norte correcto hacia dónde debe ir la crónica de nuestros días.

Pero la oración no solamente tiene el rol de guiarnos, sino que también puede hacer crecer en nosotros la disciplina de orar por el mundo. Puedes adoptar pueblos y naciones enteras en oración. También cuando mires las noticias toma un tiempo para clamar a Dios que actué en medio de las situaciones que acabas de ver. No olvides que puedes llevar en oración a la iglesia en todo el mundo, especialmente la que es perseguida en los países no alcanzados. Agrega a tus peticiones de oración las de aquellas personas que están haciendo la obra de Dios, ya sea dentro o fuera de tus fronteras.
Ya sabes, reemplaza tus espejos por ventanas en tus tiempos de oración.

2) Busca conexión

En casi todos los países de Iberoamérica existen agencias misioneras, centros de entrenamiento misionero, seminarios bíblicos que cuentan con programas de misiones, ministerios enfocados en el alcance evangelístico global, organizaciones de servicio integral, comités de misiones de iglesias locales o denominacionales, etc. En todos ellos encontrarás personas que todos los días buscan priorizar la extensión del reino de Dios en sus vidas. Junto a ellos, tu amor y servicio podrá ir en aumento.

Recuerda que si sacas un leño de la hoguera y lo dejas solo, seguramente su fuego se extinguirá. De la misma manera, no creas que tu pasión no necesita la de otros corazones apasionados también por correr contigo la misma carrera.

3) Que la visión crezca

La mayoría de los cristianos todavía no tienen la visión completa de su rol en la tarea que Dios nos encomendó a todos sus seguidores. Este mandato nos comisiona a cada uno de nosotros para estar haciendo algo, no solo por nuestra Jerusalén, sino también por lo último de la tierra. Es por esta razón que debes volverte proactivo en compartir la visión misionera con tus amigos, tu iglesia local y por donde quiera que Dios te lleve. Esto es un aspecto clave para el futuro de tu llamado y de la misión, ya que mientras más personas conozcan esta realidad, habrá más cristianos orando, apoyando y asociándose

Si deseas que la visión por las misiones crezca, puedes desarrollar experiencias intencionales de pensar en los no alcanzados junto con aquellos pueblos que entiendes que pueden impactar. Puedes hacer una noche de película que presente las realidades de otros países y, al finalizar, desarrollar un tiempo de oración que ayude a quienes están cerca de ti a pensar en la evangelización global. Además, puedes hacer una noche internacional enfocada en países no conocidos y pueden traer alimentos, videos de lugares turísticos, fotos de sus habitantes y llevarlos a reflexionar sobre el evangelio en esos contextos.

ELIEZER

contigo u otros para ir tras el sueño de Dios en la tierra. Anota en tu corazón que la verdadera visión es aquella que vale la pena compartir.

4) Apoya

La obra misionera no solo se hace con las oraciones, sino que también se lleva adelante con el apoyo económico de los que quedan. Todos tenemos algún recurso que dar para la extensión del Reino. Podríamos afirmar que dar para la obra misionera tendría que ser una constante disciplina espiritual para todo creyente, pues, si afirmamos que nos interesa que el mundo cambie por la transformación que el evangelio proporciona (asignación que es cumplida por los pies y manos de la iglesia alrededor del mundo), no tendríamos que tener ningún reparo en comprometer también nuestros bolsillos ante esta consigna.

Te animo a que sumes este principio a tu vida, ya que las verdaderas convicciones son las que trastocan todas las esferas de nuestras vidas, y una de estas es el campo de nuestra economía. Aparte, ¿en qué podríamos invertir mejor nuestros recursos que en llevar adelante la obra de Dios en el mundo?

5) Busca mentores

A lo largo de toda la Palabra encontramos ejemplos de la necesidad de contar con mentores. Algunos de estos ejemplos son los de Moisés y Josué, Jesús y sus discípulos, Pablo y Timoteo. Ninguno de los mentoreados habría llegado tan lejos si no hubiera resuelto la urgencia de conectar sus realidades con las de sus respectivos mentores.

Los mentores son aquellas personas que te inspirarán, te escucharán y te corregirán, pero sobre todo, te darán un empujón oportuno para ir hacia la dirección correcta en tu vida. Siempre necesitarás de un mentor en este camino, pero no pienses que llegarán a ti como por arte de magia. Más bien abre tus ojos y pídele a Dios que te guíe para encontrar cerca de ti alguien que pueda brindarte mentoría con respecto a tu vida y llamado.

Todos estamos necesitados de mentoría en la vida. No lo sabemos todo y nunca lo sabremos. Por eso es importante rodearte de personas que amen las misiones y te puedan orientar en tu vocación y pasión. No obstante, debes acercarte con un corazón enseñable para absorber su conocimiento y tiempo invertido en ti. Haciendo esto podrás madurar y, cuando visites otras tierras, serás lo suficientemente humilde como para aprender de los misionados, y a la vez construirás puentes saludables para efectuar la misión.

ELIEZER

Trae siempre a tu memoria que todo Josué necesita de un Moisés, alguien que no solamente conozca la ruta, sino que también su corazón esté enfocado en que llegues a tu tierra prometida.

6) Prepárate

Muchos de los jóvenes con quienes hablo acerca de su llamado a las naciones me dejan entrever que el tiempo invertido en el estudio es un enemigo de su pasión. Lo cierto es que están tan decididos a poner manos a la obra, que no entienden que la preparación es parte clave en lo que Dios hará a través de ellos.

La capacitación previa al servicio es un aspecto que no se puede subestimar, ya que tanto la preparación profesional, ministerial y misionológica van completamente de la mano. Ninguna de estas áreas debería obviarse en el trabajo serio de un llamado misionero. Verás que el prepararte integralmente te servirá para crecer en cada área de tu vida. Además, esta formación te será como llaves que abrirán puertas en diversos campos de acción y servicio. Recuerda que invertir en tu preparación es como sembrar una semilla que dará un fruto que no solo tú disfrutarás.

7) Crece en experiencia

Un error común para aquellos que están en un «proceso» para salir al campo misionero es creer que hasta que lleguen allí comenzarán a servir. Nada es más ajeno a la verdadera evolución de un llamado que esto.

En Hechos encontramos las desafiantes palabras de Jesús en este sentido:

«... y serán mis testigos tanto en Jerusalén como en toda Judea y Samaria, y hasta los confines de la tierra». (Hechos 1:8)

Te aconsejamos entonces que te involucres en tu propia ciudad en lo que desearías hacer un día en otro lugar.

De manera correcta este famoso versículo es sumamente utilizado para hablarnos que debemos servir llevando su evangelio hasta los confines de la tierra. Lo que muchas veces perdemos de vista es que no solamente nos presenta el desafío y destino de responder a la gran comisión, sino que también nos da luz sobre la naturaleza misma de quienes como testigos llevarán esa buena noticia.

Ya que está en la naturaleza de quienes somos verdaderos discípulos dar testimonio en tanto y dónde nos encontremos, debemos brotar de manera natural mientras vamos desarrollando nuestras vidas en el camino por nuestra Jerusalén, nuestra Samaria y hacer discípulos todo el tiempo en nuestro contexto inmediato.

Te aconsejamos entonces que te involucres en tu propia ciudad en lo que desearías hacer un día en otro lugar. Crece en el hacer discípulos para Jesús con tus amigos y aun en utilizar lo que vas estudiando en el servicio a otros. También, cuando tengas la oportunidad de hacer viajes misioneros de corto plazo, no lo dudes, ya que ellos te serán muy útiles en la maduración de tu llamado.

Por último, haz un acuerdo con tu corazón que, estés donde estés y vayas dónde vayas, trabajarás para dejar una estela de discípulos para Cristo.

CAPÍTULO 12

«No te preocupes donde tengas un llamado a ir. ¿Has tenido un llamado de Cristo en permanecer en tu casa?»

George Wilson

Una de las cosas que más se habla con relación a los jóvenes es sobre la capacidad de soñar y pensar en las cosas que quieren que ocurran en sus vidas. Me atrevería a pensar que han ideado en sus mentes lo que quieren ser y cómo pueden tener un futuro ideal. Es así porque, como humanos, desde pequeños soñamos con el trabajo que tendremos, la persona con quien pasaremos el resto de nuestra vida y de qué manera podamos hacer historia. Nos vemos como parte de ella y, hasta podríamos decir, como protagonistas de esa película de aventura, romance y victoria. De eso precisamente es que hemos querido hablarte en este libro. Tú y yo hemos sido llamados por Dios para ser parte de la maravillosa aventura de compartir el evangelio con todas las naciones de la tierra, una gran tarea con una gran promesa de parte de Dios.

Lucas nos escribe en el libro de los Hechos:
«*Entonces los que estaban reunidos con él le preguntaron:*
–Señor, ¿es ahora cuando vas a restablecer el reino a Israel?
–No les toca a ustedes conocer la hora ni el momento determinados por la autoridad misma del Padre –les contestó Jesús– Pero cuando venga el Espíritu Santo sobre ustedes, recibirán poder y serán mis testigos tanto en Jerusalén como en toda Judea y Samaria, y hasta los confines de la tierra». (Hechos 1:6-8)

Entonces, la pregunta que debemos hacernos cada uno como jóvenes es ¿qué es el poder? En ocasiones, creo que confundimos el poder con la magia y con las actividades superficiales que no involucran ningún tipo de sacrificio. Solemos ubicar el poder más con lo místico que con el carácter y la voluntad. Cuando pequeño era fanático de algunos programas de televisión. Recuerdo que nos sentábamos en familia para ver «HE-MAN y los amos del universo». HE-MAN tenía una espada y en ocasiones decía: «Por el poder de Gray Skull» y automáticamente, al momento de mencionarlo, hacía un gesto con las manos y decía bien fuerte «tengo el poder». Luego de recibir ese «poder» podía combatir a sus enemigos. El problema de ver el poder de esta manera es que lo asociamos a lo que surge súbitamente y luego se apaga. Sinceramente, creo que el poder de Dios no es de esta manera. Las palabras de Jesús fueron que recibiríamos poder cuando viniese sobre nosotros el Espíritu Santo. Francamente, no creo que la presencia de Dios sea intermitente en la vida de la iglesia. Creo que su presencia nos acompaña en cada momento. Entonces, no podemos pensar que la misión se activará más adelante, cuando debe, en efecto, ser una realidad de todos los días.

Entonces, ¿por qué nos podemos sentir tan incompetentes como jóvenes? ¿Por qué nos sentimos impotentes para hacer la misión? La pregunta de los discípulos en el libro de los Hechos no está tan distante de nuestra realidad. Creo que, en esencia, hemos reducido el significado de lo que es el poder y el ser testigos a elementos tan superficiales que nos debilitan al momento de tratar de comprender el potencial que tenemos para impactar al mundo. Pensamos que el testimonio tiene que ver con simplemente portarnos bien y hacer las asignaciones. Creemos que por hacer las cosas «correctas» estamos dando testimonio. Quisiera decir, con el mayor respeto, que no es suficiente con portarnos bien. Cuando hablamos de testimonio, no podemos reducir nuestra responsabilidad y capacidad a un elemento tan simple como la reputación. Creo que unas de las cosas que hace que no podamos lograr ese sentido de actividad poderosa, es que hemos confundido nuestro testimonio como iglesia y juventud a que solo hablen bien y piensen bien de nosotros. Claro está, la reputación es importante, pero no es suficiente. Se necesita una manifestación de poder. En este caso, es necesario que nuestro testimonio sea conocido por lo que hacemos y decimos.

Se cuenta la historia de un fisi-culturista que fue invitado a un programa de variedades de televisión y, al hacer su entrada, comenzó a hacer los acostumbrados gestos que hacen este tipo de personas. La audiencia comenzó a aplaudir y a apreciar su cuerpo. Demás está decir que se pudiera parecer al mío (¡Ja!), pero no al de Andrés. La conductora del programa le preguntó para qué usaba la fuerza, ante lo cual el individuo permaneció en silencio y no dijo nada. Más adelante, una persona de la audiencia hizo la misma pregunta y no hubo respuesta, aunque se besó los bíceps. De la misma manera hubo otra pregunta en la misma dirección a lo cual no comentó nada, sino que siguió exhibiendo su cuerpo para que fuera admirado. Al igual que en este caso de exhibición de fuerza, no podemos ceder ante la dulce tentación de que la gente admire nuestros atributos y capacidades sin que tengan efecto en ellas. Si somos el cuerpo de Cristo, también somos la voz de Cristo en el mundo.

Cuando no respondemos a la testificación de la buena noticia, no somos más que esos modelos con cuerpos aparentemente gigantes que no tienen nada de cerebro. El mundo continuamente nos hace preguntas y desea ver en nosotros y nosotras cómo podemos emplear nuestra capacidad de hacer el reino de Dios. No podemos estar silentes ante tanta necesidad de una respuesta. Hay una gran demanda por ver una iglesia testimonial y Dios te ha llamado a ti para ser la oferta que llene ese vacío que hay en el mundo. Como jóvenes hemos sido llamados a ser esa respuesta.

La palabra en griego que se utiliza para poder en este texto es: «*dunamis*». Esa palabra significa fuerza, habilidad, potencial y capacidad. La otra palabra que se utiliza para testigo es *martus,* que quiere decir: ser un mártir. Esta palabra viene de *martureo,* que quiere decir «entregar la vida por una causa noble». En ese sentido, lo que Jesús está diciéndole a sus discípulos es que el Espíritu Santo les daría la capacidad, la fuerza, la habilidad y el potencial para que entregaran sus vidas por causa del evangelio. No importando que se presentaran dificultades y obstáculos, podrían ser testigos que evidenciaran la presencia de Dios en sus vidas.

Joven, Dios te ha convocado en este tiempo para que seas su testigo. Te ha llamado para que seas esa voz.

Joven, Dios te ha convocado en este tiempo para que seas su testigo. Te ha llamado para que seas esa voz. Te invito a reflexionar en el consejo de Pablo a Timoteo cuando le dijo: «*Por eso te recomiendo que avives la llama del don de Dios que recibiste cuando te impuse las manos. Pues Dios no nos ha dado un espíritu de timidez, sino de poder, de amor y de dominio propio. Así que no te avergüences de dar testimonio de nuestro Señor, ni tampoco de mí, que por su causa soy prisionero. Al contrario, tú también, con el poder de Dios, debes soportar sufrimientos por el evangelio*». (2 Timoteo 1:6-8)

En palabras sencillas, lo que dice es que Dios nos ha dado el *dunamis,* la capacidad, el potencial y la habilidad para ser testigos en el carril del amor incondicional. La palabra que se utiliza para amor ahí es *ágape*, ese amor que trasciende las diferencias y es el catalizador para hacer las cosas. También nos recuerda el autor que nos ha dado dominio propio. La palabra que se utiliza ahí es *sofronismos,* que quiere decir disciplina. La actividad es para que todo lo hagamos en disciplina. En otras palabras, que seamos discípulos de Jesús. Es un recordatorio para comprender que el testimonio tiene como fundamento el amor entre nosotros y nosotras en la disciplina de la vida cristiana. Es una renuncia a nuestro ego por servirnos mutuamente. De eso se trata precisamente la misión. Es olvidarnos de servirnos entre nosotros como aspecto primario y buscar bendecir el corazón del otro.

Hay toda una audiencia que es testigo también de nuestros actos y del cómo respondemos al dolor y a las limitaciones de otros. En Hebreos 12:1-2 podemos leer: «*Por tanto, también nosotros, que estamos rodeados de una multitud tan grande de testigos, despojémonos del lastre que nos estorba, en especial del pecado que nos asedia, y corramos con perseverancia la carrera que tenemos por delante. Fijemos la mirada en Jesús, el iniciador y perfeccionador de nuestra fe, quien por el gozo que le esperaba, soportó la cruz, menospreciando la vergüenza que ella significaba, y ahora está sentado a la derecha del trono de Dios*».

Nuestra mirada debe estar puesta en Jesús. Él es el autor que se encargará de escribir en las páginas de la historia de la iglesia, y de nosotros como jóvenes, el testimonio al despojarnos de lo que nos asedia con el fin de comprender que es importante llevar a cabo la misión. La proclamación más poderosa que nosotros podemos dar en la vida se ubica en el testimonio. Por lo tanto, nuestra respuesta a la misión es parte de exaltar el nombre de Dios.

Cuando era a penas un joven de 18 años ingresé a un grupo musical de la denominación que pertenezco. Recuerdo que para ser parte, tenía que pasar una entrevista con un pastor que era parte del grupo. Luego de las preguntas iniciales y usuales de esa entrevista, el pastor Camareno me miró y me dijo: «Eliezer, ¿cómo te gustaría que te recordaran en la Coral cuando ya no estés aquí? Porque no estaremos toda la vida en este ministerio. Algún día te casarás y serás un adulto– Les confieso que no estaba preparado para esa pregunta. Hoy me percato de que el pastor Camareno me estaba diciendo: ¿Cuál es el testimonio que quieres construir para cuando no coincidamos todo el tiempo? Hoy te hago la misma pregunta: ¿Cómo quisieras ser recordado entre las naciones que no han escuchado acerca de Jesús? ¿Cómo deseas que la iglesia te recuerde cuando hayas pasado tus años de adolescencia? Te invito a que te atrevas a ser recordado como un testigo lleno del poder de Dios que respondió a la misión desde su comunidad hasta lo último de la tierra. Un testigo que esté dispuesto a responder a la necesidad fundamentado en que el Espíritu Santo nos ha llenado con su poder para predicar.

Te invito a que te atrevas a ser recordado como un testigo lleno del poder de Dios que respondió a la misión desde su comunidad hasta lo último de la tierra.

Martin Luther King JR, hace 45 años pronunció desde Wa shington que tenía un sueño. Dijo: «*Cuando surja la libertad y la dejemos surgir en cada aldea y en cada barrio, en cada estado y en cada ciudad, podremos adelantar la llegada del día cuando todos los hijos de Dios, negros y blancos, judíos y gentiles, protestantes y católicos, puedan unir sus manos y cantar las palabras del viejo cántico espiritual negro: "¡Libres al fin! ¡Libres al fin! Gracias a Dios Todopoderoso, ¡somos libres al fin!*[28]».

Hoy, quiero pronunciar que tengo en sueño de ver a la juventud como el testimonio vivo del amor y la esperanza en el mundo. Una juventud que se levante y diga que la misión es posible. Alcanzarla es nuestra decisión. Si entiendes que quieres ser parte de esa juventud que testifica en todo momento del poder de Dios, te invito a que te levantes y afirmemos nuestro compromiso con Dios de ser sermones con zapatos que se muevan en un mundo necesitado de una iglesia auténtica y esperanzadora. Avivemos el fuego del don de Dios que está puesto en nosotros. Pablo le decía a Timoteo que volviera a encender la llama que estaba en su corazón. Le instaba a evidenciar la capacidad y la pasión que tenía para testificarle a su comunidad la grandeza del reino de Dios.

Andrés y yo estamos convencidos de que tú eres las manos de Dios para levantar los brazos caídos y sus pies para caminar entre las naciones. Creemos que cada joven es un fuego que se enciende, porque ya estamos listos para servir. Ese fuego es la luz del evangelio que iluminará cada rincón de penumbra con esperanza, pues, como jóvenes, somos luces de esperanza. Al inicio te decíamos que queríamos que Dios abriera nuestros ojos para ver con su corazón. Nos toca a todos a ser y hacer discípulos de las palabras de Jesús.

Es tiempo de hacer misión. Hagámoslo juntos en total unidad. Dios nos ha convocado a ser una juventud comprometida con la misión. Respondamos como canta Marcos Witt en el cántico *Somos el Pueblo de Dios*: «*Y llevaremos su Gloria a cada pueblo y nación, trayéndoles esperanza y nuevas de salvación. Y su amor nos impulsa, no nos podemos callar, anunciaremos*

28 - Marxists Internet Archive, septiembre de 2006. «Tengo un sueño»; Discurso en Washington D.C, http://www.marxists.org/espanol/king/1963/agosto28.htm (Accesado el 27 de febrero de 2012).

al mundo de su amor y verdad».Recordemos que fiel es el que nos ha llamado y estará con nosotros todos los días hasta el fin del mundo. Ha llegado el tiempo de hacer misión. Dios nos convoca y nos reclama ser una generación que afirme la promesa bíblica que nos inspira a «*que ante el nombre de Jesús se doble toda rodilla en el cielo y en la tierra y debajo de la tierra, y toda lengua confiese que Jesucristo es el Señor, para gloria de Dios Padre*».(Filipenses 2:10-11)

La aventura ha comenzado. Salgamos con confianza. Dios está con nosotros y solo en su nombre lo haremos. ¡Amén!

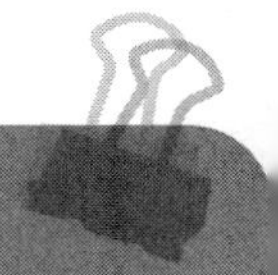

101 preguntas difíciles 101 respuestas directas

PREGUNTAS DIFÍCILES 101 RESPUESTAS DIRECTAS

Editorial Vida

LUCASLEYS

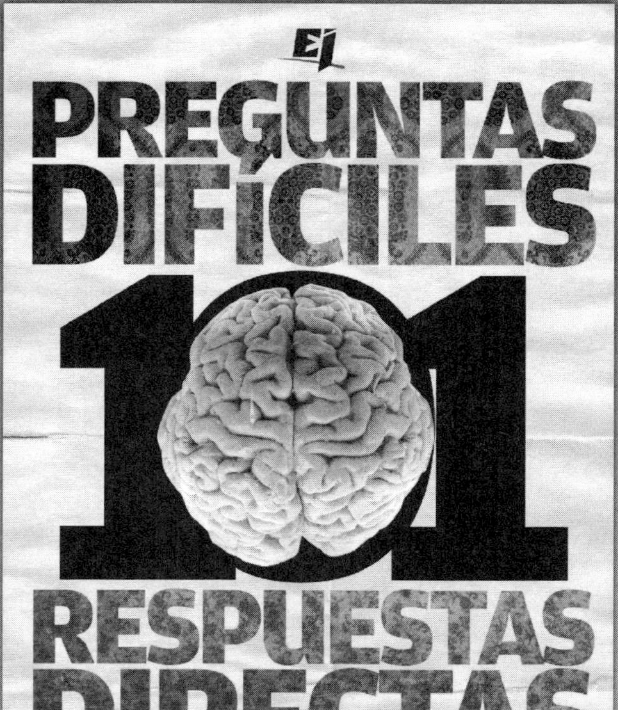

Lucas Leys

Desafía al futuro

Paolo Lacota

Lo que todo líder debe saber de sus jóvenes

Sergio Valerga

Nos agradaría recibir noticias suyas.
Por favor, envíe sus comentarios
sobre este libro a la dirección
que aparece a continuación.
Muchas gracias.

vida@zondervan.com
www.editorialvida.com